Yo y mi instituto

A Actividades

1a. Lee la carta de Marisa y contesta las preguntas.
Read Marisa's letter and answer the questions.

1. Where does she live and why? _____

2. Who does she live with? _____   _____

3. What subjects does she prefer and why? _____   _____

4. What subject doesn't she like and why? _____   _____

5. What does she do at the weekend and why? _   _____

6. Where does she like eating paella and why? _   _____

7. What does she drink and why? _____   _____

Hola:

Me llamo Marisa Martín Rodrigo y tengo trece años. Mi cumpleaños es el doce de junio.
Soy de Barcelona, pero vivo en Madrid porque mis padres están divorciados y yo vivo ahora
con mi madre en Madrid. Mi padre vive en Barcelona. Estudio segundo de secundaria en el
Instituto Velázquez. Mis asignaturas favoritas son las Ciencias porque son muy útiles para
mi futuro y la Historia, porque es muy interesante, pero no me gusta mucho la Informática
porque es muy difícil. Tengo un hermano mayor, se llama Pedro, y una hermana menor que se
llama María. Mi padre se llama Jorge y mi madre Elena. Mi mejor amiga se llama Ana. Me
gusta mucho cantar y escuchar música y los fines
de semana voy al pueblo con mi madre porque mis abuelos viven en el
pueblo. Me gusta mucho comer paella, especialmente en casa de mi
abuela porque hace una paella muy buena. Mi bebida favorita es el zumo
de naranja, tomo mucho porque tiene vitamina C. Tengo un
perro y dos gatos, me gustan mucho los gatos. Vivo en la calle
Goya número 3. ¡Escríbeme!

Un abrazo: Marisa

---

b. Completa la ficha de Marisa.
Complete the form for Marisa.

NOMBRE Y APELLIDOS: _____	DOMICILIO: _____
EDAD: _____	ESTUDIOS: _____
CUMPLEAÑOS: _____	ACTIVIDADES FAVORITAS: _____
LUGAR DE NACIMIENTO: _____	_____
NOMBRE DEL PADRE: _____	COMIDA FAVORITA: _____
NOMBRE DE LA MADRE: _____	BEBIDA FAVORITA: _____
HERMANOS/AS: _____	ANIMALES FAVORITOS: _____

2a. **Copia y completa la ficha de la Actividad 1 sobre ti.**
b. **Escribe una carta como la de Marisa sobre ti.**
   a. Copy and complete the form from Activity 1 for yourself.
   b. Write a letter like Marisa's about yourself.

Hola:
Me llamo ...

B Gramática

3. **Pon la carta de la Actividad 1 en la tercera persona (ella).**
Put the letter from Activity 1 in the third person (ella).

Mi amiga se llama Marisa Martín Rodrigo y tiene trece años.

4. **Escribe el artículo:** *el / la / los / las* **o *x* si no es necesario.**
Write the article el / la / los / las *or x if it is not necessary.*

1. Estudio _____ Inglés.

2. Tengo clase de _____ Inglés por las tardes.

3. Me gusta mucho _____ Geografía.

4. Mis hermanos no estudian _____ Arte.

5. Me gustan mucho _____ Matemáticas.

6. Mi hermano no estudia _____ Matemáticas nunca.

7. _____ Español es fácil y divertido.

8. La asignatura más divertida es _____ Música.

9. En mi instituto estudiamos _____ Español.

10. Me encanta _____ Español.

5. Pon los verbos en la forma correcta en los dos diálogos.
Put the verbs in the correct form in the two dialogues.

A: ¿A qué hora (empezar / tú) _____ las clases en el instituto?

B: (Yo / empezar) _____ a las ocho.

A: ¿Y a qué hora (terminar / tú) _____ ?

B: (Yo / terminar) _____ a las tres y media.

A: ¿A qué hora (empezar / vosotros) _____ los deberes?

B: (Nosotros / empezar) _____ los deberes a las seis.

A: ¿Y a qué hora (terminar / vosotros) _____ los deberes?

B: (Nosotros / terminar) _____ a las ocho.

Ⓒ Vocabulario

6a. Elige un lugar del cuadro y ponlo en la frase apropiada.
b. Después traduce al inglés los lugares y estudia.
a. Choose a place from the box and put it in the correct sentence.
b. Then translate the places into English and study them

1. Leo libros en _____.   _____

2. En _____ hablo con la secretaria.   _____

3. Hago experimentos en _____.   _____

4. Me lavo las manos en _____.   _____

5. Entro al instituto por _____.   _____

6. Escucho a los profesores en _____.   _____

7. Dibujo en _____.   _____

8. Veo una película en _____.   _____

9. Estudio Informática en _____.   _____

10. Juego con mis amigos en _____.   _____

11. Tengo clase de Educación Física en _____. _____

12. Como en _____.   _____

la sala de ordenadores	*la entrada*	*la sala de vídeo*	*la oficina*
el comedor	*el laboratorio*	*los servicios*	*el gimnasio*
las clases	*la sala de arte*	*la biblioteca*	*el patio*

Así soy

A Actividades

1. **Se busca: lee la descripción de dos bandidos del Oeste: Jake 'El Loco' y Mili 'La Niña'. Dibuja sus caras.**
Read the description of two bandits from the Wild West. Draw their faces.

SE BUSCA

~ Jake 'El Loco' ~

Tiene cara de malo. Tiene pelo corto, moreno y liso, ojos marrones, una boca pequeña con dientes muy negros y orejas grandes. ¡Cuidado! ¡Es muy peligroso!

SE BUSCA

~ Mili 'La Niña' ~

Tiene cara agradable, de niña traviesa. Tiene la nariz pequeña, con muchas pecas. Tiene el pelo rubio, corto y rizado. Tiene ojos azules y grandes y cejas pequeñas y delgadas. Su boca es pequeña con labios pintados de color rojo. Tiene las orejas pequeñas y lleva pendientes. Siempre lleva un sombrero negro.

2. **Ahora inventa la descripción de Johnny 'El Malo', amigo de Jake 'El Loco'. Dibuja y escribe la descripción en el cartel de 'Se busca'.**
Now invent the description of Bad Johnny, friend of Mad Jake. Draw him and write the description on the 'Wanted' poster.

SE BUSCA

Johnny 'El Malo'

3. **La moda del peinado futuro en el año dos mil cincuenta. Dibuja y describe dos peinados para chico y dos para chica de la moda futura.**
The fashion of future hairstyles in the year 2050. Draw and describe two hairstyles for boys and two for girls for the fashion of the future.

_____

_____

_____

_____

_____

_____

_____

_____

_____

B Gramática

4. **Escribe en los espacios en blanco la forma correcta del verbo *ser* en presente. Después pon las frases en femenino.**
Fill the gaps with the correct form of the verb ser *in the present. Then write the sentences in the feminine.*

Ejemplo: Yo _soy_ alto y delgado. _Yo soy alta y delgada._

1. Él _____ moreno y guapo. _____

2. Yo _____ delgado y pelirrojo. _____

3. Tú _____ rubio y alto. _____

4. El gato _____ pequeño y bonito. _____

5. Yo _____ bajo y feo. _____

6. El perro _____ grande y gordo. _____

5. **Ahora escribe las frases en negativo con** *no ... ni* **como en el ejemplo.**
Now write the sentences in the negative with no ... ni *as in the example.*

Ejemplo: Yo soy alto y delgado. *Yo no soy ni alto ni delgado.*

1. _____

2. _____

3. _____

4. _____

5. _____

6. _____

C Vocabulario

6. **Divide las palabras del cuadro en las cuatro categorías siguientes. Después cópialas en tu cuaderno y escribe las palabras en inglés. Estudia.**
Divide the words in the box into the following four categories. Then copy them in your exercise book and write the words in English. Study.

verde	rubio	grande	azul	ojo	gordo	bajo
nariz	liso	oreja	pelo	cara	guapo	boca
corto	melena	coleta	moreno	delgado		trenza
liso	largo	rizado	alto	pelirrojo	marrón	
pequeño	bonito	feo	frente	media melena		

Partes del cuerpo	Peinados de pelo	Descripción general	Descripción
_____	_____	_____	_____
_____	_____	_____	_____
_____	_____	_____	_____
_____	_____	_____	_____
_____	_____	_____	_____
_____	_____	_____	_____
_____	_____	_____	_____
_____	_____	_____	_____

A Actividades

1. Lee la carta de Carlota. Primero mira los dibujos y escribe el nombre de cada chico. Después completa las frases.
Read Carlota's letter. Look at the pictures and write the name of each boy. Then complete the sentences.

a

_____

b

_____

c

_____

d

_____

Querida Ana:

Mi grupo favorito es un grupo nuevo de rock que se llama 'Los Locos'. En el grupo hay cuatro chicos. Chema, que es delgado y muy guapo, con el pelo rubio largo y liso, lleva gafas de sol. Es muy serio. Juanjo, que es un poco más gordo, con el pelo negro y largo, lleva una gorra blanca. Tiene la boca y los ojos muy grandes. No me gusta mucho porque es un poco antipático. Pancho es moreno y tiene el pelo liso con media melena y también lleva gafas de sol. Tiene la nariz muy grande y no es guapo, pero es muy simpático. Carlos es delgado y tiene el pelo rubio, corto y rizado. Lleva une gorra negra y tiene ojos muy grandes y bonitos. Es muy guapo y simpático y me gusta mucho, es mi favorito. ¿Cómo se llama tu grupo favorito?

Hasta pronto:
Carlota

1. _____ tiene el pelo rizado y corto.

2. _____ es rubio y lleva gafas de sol.

3. _____ es feo y tiene media melena.

4. _____ tiene los ojos muy grandes y tiene el pelo negro.

5. _____ tiene el pelo liso y es muy serio.

6. _____ es moreno y tiene la nariz grande.

7. _____ no lleva gorra y es guapo.

8. _____ tiene los ojos bonitos y es muy simpático.

9. _____ no es muy simpático.

2. Escribe una carta: describe a tus amigos y amigas.
Write a letter: describe your friends.

Querida Carlota:
Mi mejor amigo/amiga se llama ...

B Gramática

3. **Une cada palabra con el dibujo correspondiente. Escribe frases como en el ejemplo**
Match each word with the corresponding picture. Write sentences as in the example.

Ejemplo: *1i Antonia es muy perezosa. ¡Qué perezosa es Antonia!*

a travieso/a	**b** trabajador(a)	**c** elegante	**d** fuerte	**e** inteligente

f nervioso/a	**g** estricto/a	**h** antipático/a	**i** perezoso/a	**j** tímido/a

1 Antonia

2 Pedro

3 Carlos

4 Susana

5 Julio

6 Marisa

7 Fernando

8 María

9 Lorenzo

10 Margarita

_____

_____

_____

_____

_____

_____

_____

_____

_____

_____

4. **Primero pon la forma correspondiente del verbo ser: *soy / eres / es / somos / sois / son*. Después transforma las frases como en el ejemplo.**
First write the corresponding form of the verb ser: soy / eres / es / somos / sois / son. Then transform the sentences as in the example.

Ejemplo: Yo _soy_ muy simpático. _¡Qué simpático soy!_

1. Mis padres _____ muy buenos. _____

2. Tú _____ muy nervioso. _____

3. Carlos _____ muy sincero. _____

4. Yo _____ muy guapo. _____

5. Vosotros _____ muy perezosos. _____

6. Este chico _____ muy tonto. _____

7. Mi hermana y yo _____ muy inteligentes. _____

C Vocabulario

5. **Lee la lista de palabras de la personalidad. Marca las palabras que son similares al inglés. Busca en el diccionario las palabras que no comprendes. Piensa en personas que conoces (o inventa) y haz frases.**
Read the list of words describing personality. Mark the words that are similar to words in English. Look up words that you don't understand in the dictionary. Think of people you know (or invent) and write sentences.

Ejemplo: *Mi prima Susana es muy abierta y simpática, pero mi primo Enrique es tímido.*

abierto	aburrido	activo	amable
distraído	divertido	creativo	dinámico
idealista	optimista	pesimista	práctico
responsable	simpático	sincero	tonto
tranquilo	apasionado	sensible	perfeccionista

_____

_____

_____

_____

_____

_____

_____

_____

_____

_____

_____

_____

_____

_____

_____

_____

A Actividades

1. Escribe los nombres, profesiones y lugares de trabajo de diez personas que conoces.
Write the names, professions and places of work of ten people you know.

Ejemplo: *Mi tía se llama Ana, es ama de casa y trabaja en casa.*

_____

_____

_____

_____

_____

_____

_____

_____

2. Completa el diálogo. Atención: usa la forma *usted*.
Complete the dialogue. Use the usted *form.*

Juan: ¿Cómo *se llama usted* ?

Francisco: _____ Francisco Martínez.

Juan: ¿ _____ ?

Francisco: _____ Madrid.

Juan: ¿Dónde _____ ?

Francisco: _____ en Barcelona.

Juan: ¿ _____ su profesión?

Francisco: _____ médico.

Juan: ¿Dónde _____ ?

Francisco: _____ en un hospital.

Juan: ¿ _____ su trabajo?

Francisco: Sí, _____ mucho.

B Gramática

2. Rellena los espacios en blanco con es, hay, está.
Fill in the gaps with es, hay, está.

1. Valencia _____ en el este de España.

2. Barcelona _____ una ciudad grande.

3. En Andalucía _____ muchos monumentos árabes.

4. Málaga _____ lejos de Bilbao.

5. Chile _____ muy largo.

6. Costa Rica _____ en Centroamérica.

7. La capital de España _____ Madrid y _____ en el centro.

8. En las islas Canarias _____ muchos volcanes.

9. El Teide _____ un volcán y _____ en Tenerife.

3. Pon el interrogativo en la frase apropiada: *cómo / dónde / qué / de dónde*.
Add the correct question word to each question.

1. ¿_____ está Madrid? En el centro.

2. ¿_____ es tu ciudad? Muy grande.

3. ¿_____ hay en tu pueblo? Muchas cosas.

4. ¿_____ te gusta de tu ciudad? Los grandes almacenes.

5. ¿_____ eres? De Sevilla.

6. ¿_____ es tu novia? Muy guapa.

7. ¿_____ vives? En México.

C Vocabulario

4. ¿Qué hay en tu país? Une las letras de los cuadros y encuentra las palabras españolas equivalentes a las palabras inglesas. Estudia.
What is there in your country? Join the letters in the boxes and find the Spanish words for the English words. Study them.

volcano _volcán (5d – 2e)_   desert _____

plain _____   waterfall _____

mountain _____   island _____

forest / jungle _____   river _____

lake _____   iceberg _____

	1	2	3	4	5
a	lla	ta	ca	rí	to
b	go	sel	ta	la	ra
c	o	de	nu	la	berg
d	is	mon	sier	ice	vol
e	ra	cán	ta	va	ña

Me encanta la música

A Actividades

1. **Lee el artículo sobre la música hispanoamericana actual y elige la información correcta para cada una de las frases.**
Read the article about contemporary Latin American music and choose the correct information for each of the sentences.

Un grupo super bailable es King África. No son africanos. Son argentinos. Su música tiene una influencia del reggae. Son dos chicos y una chica.

Enrique Iglesias es un cantante español muy famoso en Latinoamérica y Estados Unidos. También ahora es muy famoso en el mercado europeo y británico donde sus discos llegan al número uno de las listas de éxitos. Enrique canta en español y también en inglés y otros idiomas, como el portugués. Es un cantante muy popular entre las chicas porque es muy atractivo y romántico y porque canta muy bien. El padre de Enrique es otro cantante muy famoso que se llama Julio Iglesias.

Miguel Bosé está en su mejor momento creativo. Canta buenas canciones. Escribe canciones para otros artistas y ahora escribe el guión de una película. También va a actuar en una película el año próximo.

Los Chicos del Boulevard vuelven al escenario después de mucho tiempo sin discos. Ahora su imagen es distinta y también su música. Ahora tienen cuatro miembros, no cinco.

Maldita Vecindad tiene un nuevo disco y va a hacer una gira por todo México. En el disco trabajan con David Z que también trabaja con Prince y Fine Young Cannibals en otros discos.

1. Enrique Iglesias … **a.** canta siempre en español **b.** canta en varios idiomas **c.** canta en dos idiomas.
2. Las chicas lo quieren porque … **a.** es muy atractivo **b.** sus canciones son muy románticas **c.** es atractivo y canta bien.
3. Enrique es el … **a.** tío **b.** hijo **c.** padre de Julio Iglesias.
4. El grupo Maldita Vecindad hace discos con … **a.** Prince **b.** Fine Young Cannibals **c.** David Z.
5. Maldita Vecindad es un grupo que … **a.** es de México **b.** no va a México **c.** va a ir a México.
6. Miguel Bosé escribe … **a.** solamente sus canciones **b.** solamente para otros cantantes **c.** para él y para otros.
7. Miguel Bosé ahora es … **a.** director de una película **b.** actor en una película **c.** escritor de una película.
8. El grupo Los Chicos del Boulevard … **a.** tiene un disco nuevo ahora **b.** no tiene discos nuevos **c.** tiene cinco personas.
9. Los chicos de King África son … **a.** africanos **b.** argentinos **c.** jamaicanos.

2. **Busca en el texto de la Actividad 1 las palabras o expresiones que significan lo siguiente.**
Find words and expressions in the text of Activity 1 that mean the following.

very good to dance to _____	members _____	influence _____
famous _____	creative _____	among _____
return _____	good songs _____	another _____
records _____	the script _____	stage _____
charts _____	a tour _____	to act _____
	market _____	

3. **Escribe un email a tu amigo/a español(a). Contesta las preguntas siguientes.**
Write an e-mail to your Spanish friend. Answer the following questions.

¿Qué tipo de música te gusta?

¿Cuál es tu grupo favorito?

¿Cuál es tu cantante favorito/a?

¿Sabes tocar instrumentos?

¿Qué instrumentos sabes tocar?

¿Sabes bailar?

¿Cuál es tu baile favorito?

B Gramática

4. **Rellena los espacios en blanco con los verbos siguientes en la forma correcta:**
saber, tocar, preferir, encantar.
Fill in the gaps putting the above verbs in the correct form.

Javier: Ana, ¿tú _____ el piano?

Ana: Sí, _____ tocar el piano muy bien.

Javier: ¿Qué tipo de música _____ tocar?

Ana: Me _____ tocar música pop, pero no _____ tocarla muy bien. Siempre _____ música clásica. ¿Y tú? ¿_____ un instrumento?

Javier: Yo no, pero mi hermano _____ la guitarra. _____ tocar la guitarra muy bien.

Ana: ¿Y bailar? ¿_____ bailar?

Javier: No, yo no _____, pero mi hermana _____ bailar muy bien.

5. **Escribe** *cuál* **o** *qué* **en las preguntas.**
Write cuál *or* qué *in these questions.*

1. ¿_____ es tu número de teléfono?
2. ¿_____ tipo de música te gusta?
3. ¿_____ cantante es tu favorito?
4. ¿_____ es tu actor favorito?
5. ¿_____ grupo te gusta?
6. ¿_____ instrumento tocas?
7. ¿_____ es tu instrumento favorito?

C Vocabulario

6. **Mira estas palabras extrañas. Están formadas por la mitad de los nombres de dos instrumentos. ¿Qué instrumentos son?**
Look at these strange words. They are formed by two halves of the words for different instruments. What instruments are they?

Ejemplo: 1 guitapeta – *guita*rra y *trom*peta

1 guitapeta

2 batexofón

3 bajarra

4 teclauta

5 saxoría

6 trompolín

7 flajo

8 piaclado

9 violano

10 guitano

_____ _____
_____ _____
_____ _____
_____ _____

Ⓐ Actividades

1. Lee la guía de programas de la tele y busca la información siguiente.
Read the television programme guide and find the following information.

GUÍA DE PROGRAMAS DE TVE PARA HOY

DÍA

06.55 **Gimnasia para todos.**

07.25 **Euronoticias.** Todas las noticias internacionales más importantes.

07.55 **Documental.** Australia: los pueblos aborígenes.

09.00 **Estamos de vacaciones.** Serie infantil: *El Gato y el Ratón*.

10.00 **Club Disney Verano.** Dibujos animados.

10.30 **Serie juvenil.** *Volvemos al futuro*. Unos chicos viajan en el tiempo.

11.00 **Película:** *Tarzán y los leones*.

12.15 **Karaoke.** David Rosal recorre las ciudades españolas como presentador de este concurso en el que muchos cantantes aficionados pueden cantar ante un público numeroso.

13.00 **Noticias.**

13.15 **El tiempo hoy.**

13.30 **La risa de todos los días.** Hoy con el humorista Pepe.

14.00 **Urgencias.** Serie americana.

14.45 **La abeja Maya.** Dibujos animados.

TARDE

15.00 **Telediario.** Noticias nacionales.

15.35 **El tiempo.**

15.45 **Amor eterno.** Telenovela mexicana. El novio de Margarita encuentra a una amiga de la infancia.

16.15 **Sesión de Tarde:** *Un alto en el camino* (España 1991). Película folklórica.

17.45 **Atletismo.** Competición atlética desde Londres.

18.30 **Palabras y números.** Concurso juvenil donde chicos y chicas pueden demostrar sus conocimientos de Lengua y Matemáticas.

19.30 **Vuelta ciclista a España.** Hoy una dura prueba en las montañas de los Pirineos.

NOCHE

20.00 **Telediario.** Noticias.

21.00 **Noche de Estrellas.** Hoy con la actuación de dos famosas cantantes: Lucía Roncal y Rosario Flor.

23.30 **Sesión de Noche:** *Vienen los Extraterrestres* (EEUU, 1997). Jimmy sale a pasear una noche y ve un objeto extraño. ¿Qué puede ser?

1. ¿Cuántos programas de noticias hay hoy?
2. ¿A qué hora de la mañana es el programa que da información sobre un país extranjero?
3. ¿A qué horas hay dibujos animados?
4. ¿Cuál es el programa para hacer ejercicio físico?
5. ¿En qué estación del año estamos?
6. ¿Cuántas películas largas hay?
7. ¿Cuántas películas españolas hay?
8. ¿Qué película es de aventuras y ocurre en África?
9. ¿Qué programa es de México?
10. ¿Cuándo hay programas con música?
11. ¿De qué país y qué año es la película de ciencia ficción?
12. ¿Qué deportes puedes ver hoy en televisión?
13. ¿Qué deporte se celebra hoy en las montañas?
14. ¿Cuántos concursos hay hoy?
15. ¿De qué trata el concurso que hay a las seis y media de la tarde?
16. ¿Cómo se llama la telenovela?
17. ¿Cómo se llama la serie de ciencia ficción?
18. ¿En qué ciudad hay una importante competición atlética?
19. ¿Si te gusta cantar y quieres cantar por televisión qué programa tienes que ver?
20. ¿Qué tipo de programa es 'Noche de Estrellas'?

2. Pon en orden el diálogo entre dos amigos. *Put the dialogue between two friends in order.*

a Bueno, pues vamos a ver los deportes.

b Hay una película de terror que quiero ver.

c No me gusta el terror. ¿Por qué no vemos las noticias?

d No sé, ¿qué programas hay?

e Pues a mí me gusta mucho ver deportes.

f No, las noticias son muy aburridas. ¿Hay deportes?

g ¿Quieres ver la tele?

h Sí, pero los programas de deportes no me gustan nada.

i Sí. ¿Qué programa vemos?

g

B Gramática

3. Escribe preguntas y respuestas como en el ejemplo.
Write questions and answers as in the example.

Ejemplo: A: *¿Quieres ver la entrevista?*
B: *No quiero ver la entrevista porque no me gustan nada las entrevistas.*

1. ¿la telenovela?
_____

2. ¿los deportes?
_____

3. ¿la película?
_____

4. ¿el concurso?
_____

5. ¿las noticias?
_____

6. ¿el documental?
_____

4. **Escribe diálogos como el del ejemplo.**
Write dialogues as in the example.

Ejemplo: telenovela / bueno. *A: ¿Por qué no vemos la telenovela?*
B: Vale, la telenovela es muy buena, vamos a ver la telenovela.

1. dibujos animados / divertidos _____

    _____

2. documental de animales / emocionante _____

    _____

3. programa histórico / interesante _____

    _____

4. película cómica / divertida _____

    _____

5. programa musical / estupendo _____

    _____

6. serie española / buena _____

    _____

C Vocabulario

5. *Study the types of television programmes. Write them in English. Write two lists: one with those which are similar in both languages, and one with those which are different. Which programme do you like most? Which least? Number them in order of preference.*

una película	un programa musical	las noticias	un documental
un drama	un concurso	un programa de variedades	una telenovela
un programa infantil	una comedia	el tiempo	una serie
un programa de entrevistas	un programa de deportes		

Similar	Diferente

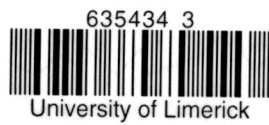

A Actividades

1. Lee la información sobre este CD-ROM y contesta las preguntas.
Read the information about this CD-ROM and answer the questions.

LA NATURALEZA EN SOPORTE CD

Invitación a viajar a la mayor selva tropical del planeta utilizando como vehículo imágenes, texto, vídeo y sonido en perfecta armonía.

FICHA TÉCNICA

Título:
Amazonia, la tierra de las aguas.

Distribuidor:
Charmed S.L.

Precio:
40 euros

Este CD-ROM explica la peculiar forma de vida de los habitantes de las zonas más desconocidas de la Amazonia. Para todas las edades, niños y adultos. Esta obra es muy interesante para todo el mundo. La calidad de las imágenes es buena y llenan la pantalla. Las secuencias de vídeo son buenísimas.

Además hay mucha información sobre la zona geográfica y sobre la cultura y ambiente de la región.
La música también es excelente y el comentario muy interesante. Incluye viajes por el río Amazonas, mapas, sonidos y música de la región y texto muy informativo.

Lo mejor:
- La belleza y calidad de las imágenes, todas a pantalla completa.
- La documentación que acompaña.

---

1. What is the CD-ROM about in general?
2. What does it tell us about the people who live in the area?
3. What age group is it designed for?
4. What does the text tell you about the images?
5. What about the video sequences?
6. What other three things does it tell you about the region?
7. What does the article say about the music and the commentary?
8. What are the best features of the CD-ROM?

2. Encuentra en el texto de la Actividad 1 las palabras españolas equivalentes a las siguientes.
Find Spanish words in the Activity 1 text which mean the following.

inhabitants • areas • unknown • ages • everyone • quality • screen • besides • about • environment • journeys • sound

B Gramática

3. Lee la carta de Elena y completa los espacios en blanco. Usa las palabras de abajo.
Read Elena's letter and fill in the gaps. Use the words below.

> Querido Carlos:
>
> Tengo un _____ y una videoconsola. Uso el _____ para estudiar y también
> para _____ pero prefiero los videojuegos. También me gusta _____ la
> televisión. Mi madre dice que _____ demasiado con el _____ , pero sólo
> _____ unas diez horas a la semana, de lunes a viernes, porque no tengo
> _____ cuando voy al instituto. Los fines de semana _____ unas cinco o
> seis horas más. También _____ la televisión unas quince horas la semana, en total.
> Me gusta leer y _____ , pero no tengo mucho _____ . Tengo muchos
> videojuegos, pero mi favorito es 'Grand Prix'. Es un _____ de carreras de coches. Es
> muy emocionante. No me gustan los _____ de luchas, son muy aburridos y violentos.
> ¿Y tú? ¿Juegas con el _____? ¿Cuáles son tus _____ favoritos?
>
> Hasta pronto. Un abrazo.
>
> Elena

jugar	estudiar	juego (x4)	juegos	ver (x2)	veo
	tiempo	ordenador (x4)	yo juego		

4. Escribe diálogos como el del ejemplo.
Write dialogues as in the example.

Ejemplo: falda / bonita. *A: Creo que esta falda es la más bonita.*
B: No estoy de acuerdo, esta falda no es la más bonita.

1. canción / mejor
2. anillo / bonito
3. libro / interesante
4. examen / peor
5. perfume / caro
6. programa / divertido

C Vocabulario

5. Encuentra las palabras españolas (a) y las inglesas correspondientes (b).
Match the Spanish words with the English equivalents.

a

disquete	pantalla	monitor	disco duro	palanca	ordenador	disco compacto	ratón	consola	teclado

b

monitor	hard disk	console	mouse	floppy disk	screen	computer	keyboard	compact disk	joystick

A Actividades

1. Lee los siguientes textos y di a qué tipo de revistas crees que pertenecen.
Read the following texts and say which kinds of magazines you think they belong to.

a

En este artículo te presentamos unas fotos de los monumentos mayas de México y Guatemala y muchas ideas prácticas para organizar la visita a estos países.

b

El clima está cambiando. La capa de ozono se destruye cada día más. En España no hace calor este mes de agosto y llueve. Es el agosto más húmedo en cincuenta años.

Mientras, en otros países del norte, donde generalmente llueve en agosto, hace sol y calor. ¡Qué problema!

c

Hoy te hablamos de un grupo nuevo español, que tiene influencias de ritmos africanos. También de un nuevo disco de Lucía que creemos va a tener un gran éxito.

d

Uno de los más importantes centros tecnológicos de la India es el Instituto de Ciencias de Bangalore, una ciudad próspera que es uno de los centros de desarrollo científico más importantes del mundo.

e

En nuestra revista de esta semana vemos unas fotos de la princesa Elena y su marido en una fiesta muy importante en el palacio de Marivent. También tenemos varias fotos del famoso bailarín Joaquín Cortés y del actor Antonio Banderas.

Viajes ☐	Ordenadores ☐	Naturaleza ☐
Moda ☐	Del corazón ☐	Vacaciones ☐
Televisión ☐	Ciencias y tecnología ☐	Ecología ☐
Musical ☐	Juvenil ☐	

2. Traduce los textos de la Actividad 1 al inglés.
Translate the texts from Activity 1 into English.

B Gramática

3. **Contesta las preguntas.**
Answer the questions.

Ejemplo: ¿Qué te gusta beber a ti? (leche). ___*A mí me gusta beber leche.*___

1. ¿Qué te gusta comer a ti? (paella) _____

2. ¿Qué te gusta leer a ti? (revistas) _____

3. ¿Qué deporte te gusta hacer? (patinar) _____

4. ¿Qué te gusta hacer a ti en el tiempo libre? (ir al cine) _____

5. ¿Qué música te gusta escuchar a ti? (música pop) _____

6. ¿Qué ropa te gusta llevar a ti? (camisetas) _____

4. **Completa las frases con** *a mí, a ti, a María.*
Complete the sentences with a mí, a ti, a María.

A: _____ me gusta mucho la música pop. ¿Y _____ te gusta?

B: No, _____ no me gusta la música pop, pero _____ le encanta.

A: ¿ _____ le gusta tocar el piano?

B: Sí, _____ le gusta tocar el piano. _____ también me gusta pero yo
   no sé tocar muy bien.

A: ¿ _____ te gusta el café con leche para desayunar?

B: No, _____ no me gusta, prefiero el chocolate, pero _____ le encanta
   el café con leche.

C Vocabulario

5. **Ahora estudia las clases diferentes de revistas. ¿Cuál es tu favorita? Numéralas en orden de
preferencia. Piensa y escribe el nombre de una o dos revistas que conoces para cada tipo.**
*Now study the different types of magazines. Which is your favourite? Number them in order of preference. Think
of and write the name of one or two magazines of each type that you know.*

Una revista ...

de ecología _____   de televisión _____

de informática _____   del corazón _____

de moda _____   de viajes _____

de deporte _____   juvenil _____

de ciencia y tecnología _____   musical _____

Los planes

A Actividades

1. Lee y traduce la nota. Después escribe dos notas similares con la información de las fichas.
Read and translate the note. Then write two similar notes with the information from the forms.

> Hola, Marta,
>
> Como no estás en casa te dejo una nota. ¿Por qué no vamos al cine Palafox esta tarde a las 5? Hay una película muy buena que se llama 'Mi amigo Joe'. Es una película americana. Es una historia de amor, muy bonita.

> Dear Marta,

Invitación a.

Lugar:	casa de Luis
Razón:	ver un vídeo
Hora:	hoy/7 tarde
Película:	'Los Bandidos'
Tipo:	Oeste
Nacionalidad:	EEUU
Cómo es la película:	buena, emocionante

Invitación b.

Lugar:	cine Gran Vía
Razón:	ver una película
Hora:	sábado/9 noche
Película:	'Los extraterrestres están aquí'
Tipo:	Ciencia ficción
Nacionalidad:	española
Cómo es la película:	de misterio, interesante

2. Ésta es una conversación entre dos amigos, Rafael y Marisa, pero las frases están mezcladas. ¿Puedes ordenarlas? Escribe el diálogo completo en tu cuaderno.
This is a conversation between two friends, Rafael and Marisa, but the sentences are mixed up. Can you put them in the right order? Write the complete dialogue in your exercise book.

a R: Vale. Podemos ver ésa. ¿A qué hora voy a tu casa?

b R: No tengo dinero.

c M: Vale, hasta luego.

d M: Tengo una idea. Podemos alquilar un DVD y verlo en mi casa. Mis padres van a salir.

e M: ¿Por qué no vamos al cine?

f R: ¡Oh, no! ¡Qué aburrida! Yo prefiero una película de ciencia ficción. Hay una película muy buena que se llama 'No hay futuro'.

B Gramática

2. Escribe diálogos como el del ejemplo (atención: cambia el adjetivo).
Write dialogues as in the example. Make sure you change the form of the adjective.

Ejemplo: la Noria/rápida A: *Me encanta la Noria porque es rápida.*
B: *Sí. ¡Qué rápida es! A mí me encanta también.*

1. la Montaña Rusa / divertido
2. los Autos de Choque / fantástico
3. la Cueva del Horror / fabuloso

4. el Laberinto / emocionante
5. el Amor Express / romántico
6. los Espejos / divertido

3. Transforma las frases como en el ejemplo.
Transform the sentences as in the example.

Ejemplo: La chica es muy guapa. *Sí, es guapísima. ¡Qué guapa es!*

1. El chico es muy alto. _____
2. Las playas son muy buenas. _____
3. La ciudad es muy grande. _____
4. El hombre es muy delgado. _____
5. Las carreteras son muy peligrosas. _____
6. El coche es muy lento. _____
7. La película es muy divertida. _____
8. Las programas son muy malos. _____

C Vocabulario

4. Traduce las expresiones al inglés y estúdialas. Escribe frases sobre las atracciones.
Translate the expressions into English and study them. Write sentences about the attractions.

Ejemplo: *La Noria no me gusta porque es muy alta y me mareo.*

es/son fabuloso/a/os/as	es/son muy alto/a/os/as	me mareo
es/son emocionante(s)	es/son demasiado rápido/a/os/as	tengo vértigo
es/son peligroso/a/os/as	es/son divertido/a/os/as	tengo miedo
es/son fantástico/a/os/as	va(n) muy despacio	
es/son muy aburrido/a/os/as	me encanta(n)	

¡Fin de semana!

A Actividades

1. Lee la carta y contesta a las preguntas.

Querido amigo:

La semana pasada fui a la playa, a un pueblo que se llama Salou, que está en el Mediterráneo. Fui a un camping con mis padres, mi hermana y una amiga. Lo pasé estupendamente porque hay un parque de atracciones muy grande y muy famoso, que se llama Parque Vértigo. ¿Lo conoces? Fui al parque los dos primeros días, el lunes y el martes. En el parque hay varias zonas o áreas temáticas. La que más me gusta es la zona china porque allí está Dragón Khan que es una montaña rusa muy, muy grande. El miércoles, fui al Acuapark donde hay muchas piscinas y atracciones con agua y es excelente si tienes calor. Nadé y jugué mucho en el agua. Como sabes, me encanta nadar. El jueves fui al Safari Park de Salou. Es muy grande y hay muchos animales. El viernes y el sábado fui a la playa y nadé mucho. Volví a casa el sábado por la noche.

Un abrazo, Susana

1. ¿Dónde está Salou? _____

2. ¿Con quién fue Susana a Salou? _____

3. ¿Cómo describe Susana Parque Vértigo? _____

4. ¿Cuándo fue a Parque Vértigo? _____

5. ¿Qué es lo que más le gusta de Parque Vértigo? _____

6. ¿Qué hay en Acuapark? _____

7. ¿Qué hizo allí? _____

8. ¿Qué opina de Acuapark? _____

9. ¿Cuándo fue al Safari Park? _____

10. ¿Qué hay en el Safari Park? _____

11. ¿Cuándo volvió a casa? _____

2. Busca en el texto de la Actividad 1 las palabras en español equivalentes a las siguientes en inglés.
From the Activity 1 text, find the Spanish equivalents of the following English words.

last week _____   theme park _____

beach _____   there _____

village _____   roller coaster _____

I went _____   swimming pool _____

I had a great time _____   I returned home _____

B Gramática

3. **Estás de vacaciones. Esto es lo que haces todos los días. Escribe una postal a tu amigo/a sobre lo que hiciste ayer (usa el pretérito indefinido).**
You are on holiday. This is what you do every day. Write a postcard to your friend about what you did yesterday (use the simple past).

Todos los días por la mañana me levanto a las 8, me ducho, desayuno, bajo a la tienda, compro una revista, voy a la playa, nado, tomo el sol, juego a la pelota con mis amigos, paseo por la playa tomo un bocadillo y un refresco a mediodía.

Por la tarde visito los monumentos de la ciudad, entro al museo y a la catedral, voy de compras compro regalos.

Por la noche ceno, voy a la feria, monto en la Montaña Rusa, bailo en la discoteca, me acuesto muy tarde, lo paso fenomenal.

Ayer por la mañana me levanté a las ocho ...

4. **Escribe el mismo texto en el pasado sobre tu hermana Ana.**
Write the same text in the past about your sister Ana.

Ayer por la mañana mi hermana Ana se levantó a las ocho ...

5. **Escribe diálogos como el del ejemplo, usando la forma correcta del verbo.**
Write dialogues as in the example, using the correct form of the verb.

Ejemplo: llegar A: ¿Llegaste tarde al instituto?
B: No, yo no llegué tarde, pero mi amigo Javier llegó tarde.

1. tomar chocolate con churros _____

2. nadar en la piscina _____

3. comprar una camiseta _____

4. montar en la noria _____

5. cenar en un restaurante _____

6. entrar al museo _____

7. visitar la ciudad _____

C Vocabulario

6. **Escribe tres respuestas para cada pregunta. Verbos en el pasado:** *fui, visité, jugué, comí, vi,* **etc.**
Write three answers for each question.

Ejemplo: *Ayer fui al parque. El año pasado visité España.*

1. ¿Qué hiciste ayer? _____

   _____

   _____

2. ¿Qué hiciste el fin de semana? _____

   _____

   _____

3. ¿Qué hiciste el mes pasado? _____

   _____

   _____

4. ¿Qué hiciste la semana pasada? _____

   _____

   _____

5. ¿Qué hiciste el año pasado? _____

   _____

   _____

6. ¿Qué hiciste en las vacaciones pasadas? _____

   _____

   _____

¿Qué quieres comer?

A Actividades

1. **Mira los dibujos para la receta de tortilla de patata. Escribe la letra de la frase correspondiente debajo de cada dibujo. Después traduce la receta al inglés.**
   Look at the pictures for the potato omelette recipe. Write the letter of the corresponding sentence under each picture. Then translate the recipe into English.

Tortilla de patata

1 2 3 4 5

6 7 8 9

a Echas sal a las patatas y a los huevos.

b Echas los huevos en las patatas.

c Pelas la cebolla.

d Bates los huevos.

e Das la vuelta a la tortilla.

f Echas la tortilla en el plato.

g Fríes las patatas y la cebolla en una sartén con aceite de oliva.

h Fríes lentamente la mezcla de patatas y huevos.

i Pelas las patatas.

Potato omelette

2. **Piensa en tu plato favorito y en un plato que no te gusta nada y escribe las recetas de los dos.**
   Think of your favourite dish and also of a dish you don't like at all and write down the recipes for each.

3. **Tu amiga Maribel y tú vais a comer a un restaurante en España. Completa el diálogo. Elige qué quieres comer y beber tú y qué quiere tu amiga Maribel.**
Your friend Maribel and you are going to eat in a restaurant in Spain. Complete the dialogue. Choose what you want to eat and drink and decide what Maribel wants too.

Camarero: ¿Qué quieren de primer plato?

Tú: _____

Camarero: ¿Y usted, señorita?

Maribel: _____

Camarero: ¿Y de segundo plato, qué tomarán?

Tú: _____

Maribel: _____

Camarero: ¿Que quieren beber?

Maribel: _____

Tú: _____

Camarero: ¿Quieren postre?

Tú: _____

Maribel: _____

Tú: _____

Camarero: Son veintiocho euros.

B Gramática

4. **Escribe las frases en pasado (pretérito indefinido), en la persona indicada.**
Write the sentences in the simple past, as in the example.

Ejemplo: Todos los días yo como verdura. *Ayer comí verdura.*

1. Todos los días yo como mucha fruta. Ayer yo…

2. María siempre bebe zumo de naranja para merendar. Ayer María …

3. Por las noches tú ves la televisión. Ayer por la noche tú …

4. Todos los días yo leo una revista. Ayer yo …

5. Por las tardes mi hermano escribe emails a sus amigos. Ayer por la tarde mi hermano …

6. Este año tú vives en Madrid. El año pasado tú …

7. En las vacaciones salgo por las noches con mis amigos. En las vacaciones pasadas …

8. Carlos va todos los sábados al cine. El sábado pasado Carlos …

9. Los domingos por la mañana duermo hasta las once. El domingo pasado …

10. En el restaurante tú siempre tomas paella. Ayer en el restaurante tú …

C Vocabulario

5. **Encuentra en la sopa de letras doce comidas y bebidas. Selecciona entre todas las que hay en la olla.**

Find twelve items of food and drink in the wordsearch. Select them from the ones in the saucepan.

A	B	C	E	R	E	F	R	E	S	C	O	S	P	Z
C	I	E	A	N	E	R	A	N	S	A	L	A	T	U
A	N	A	G	A	M	B	A	S	L	O	M	A	S	M
N	A	S	U	C	A	I	G	A	Z	P	A	C	H	O
E	G	L	A	G	U	O	S	L	E	A	P	O	E	T
L	R	F	A	F	O	S	R	A	L	E	C	H	L	A
O	E	L	A	L	D	A	O	D	E	L	E	S	A	R
N	S	P	A	A	P	N	A	I	D	L	L	A	D	S
E	M	P	A	N	A	D	I	L	L	A	S	E	O	I
S	O	P	E	D	E	I	A	L	J	O	S	T	S	O
A	R	O	S	E	L	A	C	A	P	E	T	I	C	U

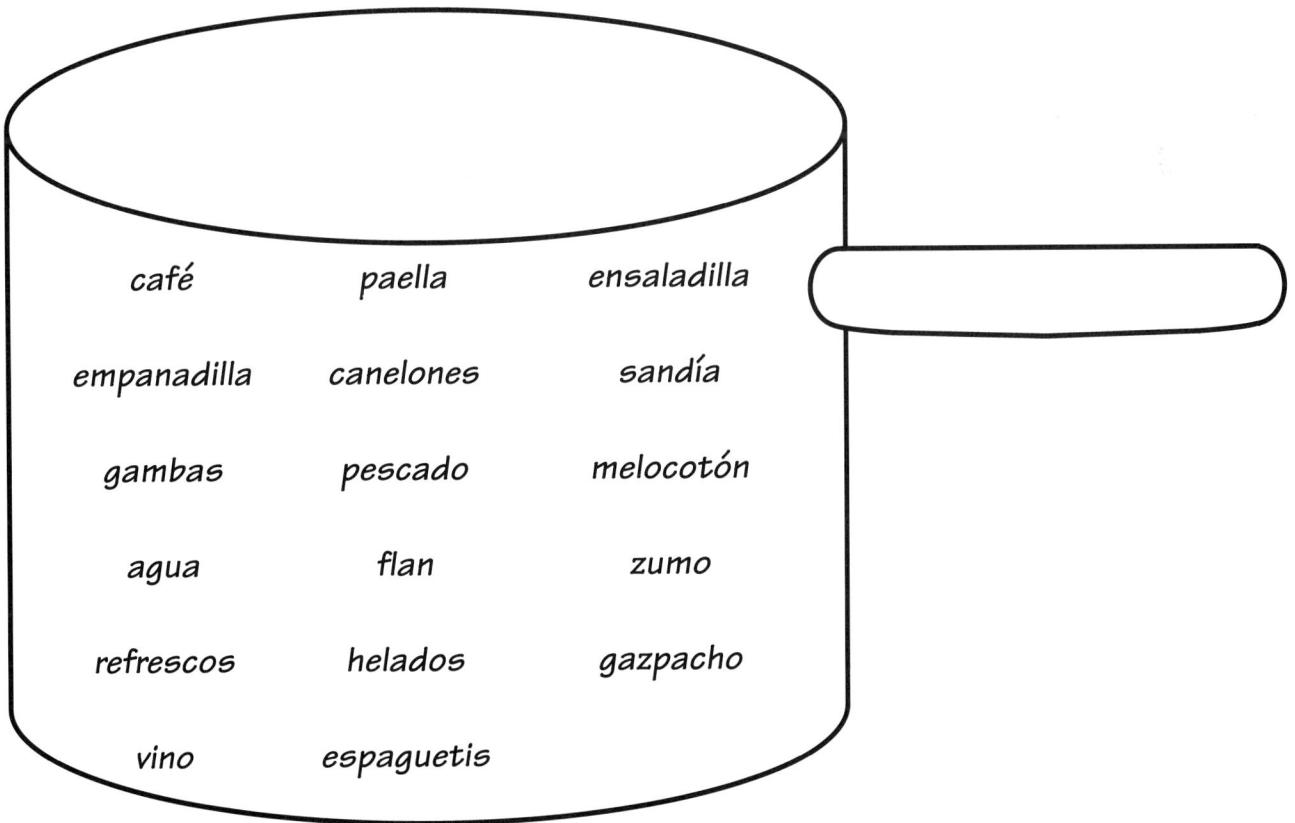

café   paella   ensaladilla

empanadilla   canelones   sandía

gambas   pescado   melocotón

agua   flan   zumo

refrescos   helados   gazpacho

vino   espaguetis

Fui al zoo

A Actividades

1. Completa las cuatro postales con verbos en el pasado. Intenta hacer la actividad primero sin mirar el cuadro de verbos que hay abajo.

Complete the four postcards with verbs in the past. Try to do the activity first without looking at the verb box below.

a

Hola,

Ayer _____ al zoo, _____ muchos animales, _____ en el restaurante del zoo y _____ un refresco.

b

Hola,

Ayer _____ a la piscina, _____ mucho. Por la tarde _____ con mis amigos, _____ a una cafetería y _____ un helado.

c

Hola,

Ayer _____ al restaurante, _____ paella y _____ una limonada. Después _____ a la discoteca y _____ mucho con mis amigos.

d

Hola,

Ayer _____ al cine, _____ una película muy buena. Después _____ a casa de mis primos y _____ con ellos.

Usa estos verbos:

| bebí (x2) | tomé | vi (x2) | fui (x7) | nadé | cené | comí (x2) | bailé | salí |

2. Lee el texto sobre el gato montés y completa la ficha. Después escribe una ficha sobre un animal que te gusta o interesa especialmente y un texto similar al del gato montés.

Read the text about the mountain cat and complete the form. Then write out a form about an animal that you like or which especially interests you and also write a text similar to the mountain cat text.

FICHA

NOMBRE: _____

COLOR: _____

NÚMERO DE PATAS: _____

MIDE (ALTO O LARGO)

(METROS O CMS): _____

COME: _____

VIVE EN: _____

OTROS DETALLES: _____

El gato montés vive en España y es similar al gato doméstico, pero mucho más grande y más fiero, con 78–115 cm. de largo y 35–40 de alto, es de color marrón (pardo) y gris y tiene cuatro patas. Le gusta vivir en las rocas de las montañas. Come carne.

B Gramática

3. Escribe diálogos como el del ejemplo.
Write dialogues as in the example.

Ejemplo: Comer ayer en casa. A: *¿Comiste ayer en casa?*
B: *Sí, ayer comí en casa, pero Pepe no comió en casa.*

1. Salir el sábado pasado. _____

   _____

2. Ver la televisión ayer. _____

   _____

3. Visitar el museo el domingo pasado. _____

   _____

4. Ir de excursión el fin de semana pasado. _____

   _____

5. Merendar en el parque ayer. _____

   _____

6. Estudiar para el examen el lunes. _____

   _____

7. Escribir un email a Pedro ayer. _____

   _____

8. Hacer los deberes ayer. _____

   _____

C Vocabulario

4. Escribe estos animales en dos listas. Lista 1: animales con nombres similares en inglés; Lista 2: animales con nombres que no son similares en inglés. Escribe los nombres ingleses de todos los animales.
Write the names of these animals in two lists. List 1: animals with Spanish names which are similar in English. List 2: animals with Spanish names that are not similar in English. Write the names of all the animals in English.

| león tiburón orangután camello hipopótamo pingüino serpiente tigre |
| cocodrilo elefante jirafa lobo mono delfín rinoceronte oso pájaro cebra |

Similar	Diferente

Fui a la playa

A Actividades

1. Crucigrama

Horizontales →

1. En la playa hay muchísima.
2. Es azul y tiene mucha agua.
3. Brilla en el cielo y hay que tener mucho cuidado con él.
4. Vuela por el cielo.
5. Te protege del sol.
6. Puedes ir en ella por el agua.
7. Puedes secarte con ella cuando sales del agua.
8. Puedes ir en él por el agua.
9. Nos sentamos en ella.

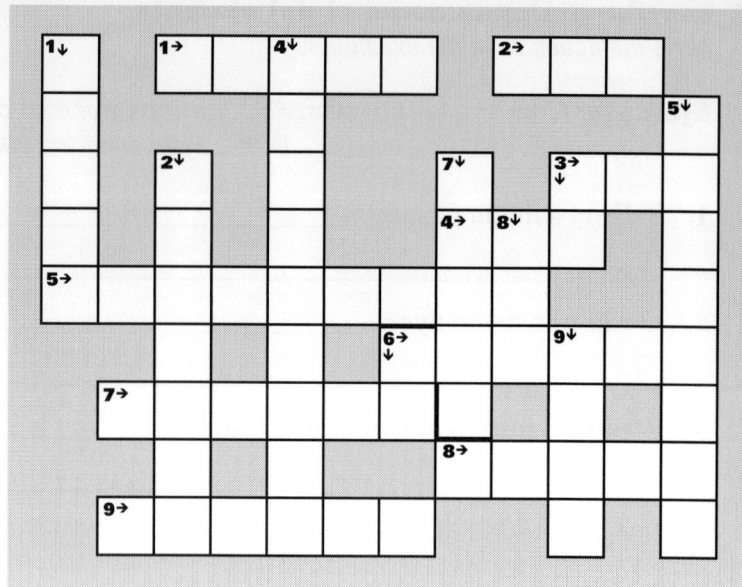

Verticales ↓

1. Las necesitamos para proteger los ojos del sol.
2. Tomas el sol echado en ella.
3. Mi amiga _____ llama Isabel.
4. Tomamos el sol echados sobre una.
5. Lo niños lo usan mucho, especialmente cuando no saben nadar.
6. Jugamos a _____ pelota.
7. Se juega a la pelota con dos.
8. Los chicos _____ a la playa los fines de semana.
9. Es un número que no vale nada.

2. Lee y traduce la información de este folleto sobre la Costa del Sol.
Read and translate the information in this leaflet about the Costa del Sol.

La Costa del Sol es el lugar de vacaciones más completo de Europa. Está en el sur de España y tiene muchas playas que están magníficamente cuidadas. Su clima es excelente y los turistas pueden bañarse en estas playas casi todo el año. La temperatura media del agua del mar es de 18 grados (en julio 20,9 grados, en agosto 24,2 grados). Hay muchas playas diferentes, con paisajes maravillosos, aguas transparentes, arena gruesa, arena fina, bares y chiringuitos modernos, duchas, hamacas, puestos de socorro, vigilantes de la playa y todo tipo de servicios para pasar unas vacaciones especiales.

En esta zona hay numerosos parques acuáticos, y parques de atracciones espectaculares, como el mundialmente conocido Parque de Atracciones 'Tívoli', y también hay zoos. Hay numerosos espectáculos musicales, teatro, cine al aire libre y otras muchas diversiones, tanto de día como de noche. Todos pueden pasarlo bien, niños, jóvenes y mayores.

The Costa del Sol is ...

B Gramática

3. **Pon los verbos en infinitivo en la primera persona (yo). El primero es un ejemplo.**
Put the verbs in the infinitive into the first person (yo). The first one is an example.

El mes pasado yo (ir) _fui_ a Málaga, a la playa, y (nadar) _____ mucho y (tomar) _____ el sol un poco. (Practicar) _____ deportes, como el tenis y el fútbol. (Visitar) _____ un zoo y (ver) _____ muchos animales. También (ir) _____ a un parque de atracciones y (montar) _____ en muchas atracciones. (Alquilar) _____ un patín, (montar) _____ en una barca, (tomar) _____ muchos helados, (comer) _____ en los restaurantes de la playa y también (hacer) _____ windsurf. (Salir) _____ mucho por las noches, (bailar) _____ y (ir) _____ a fiestas, y (dormir) _____ mucho por la mañana en la playa. (Escribir) _____ muchas postales y (comprar) _____ regalos para mis amigos. (Volver) _____ un poco triste pero lo (pasar) _____ muy bien.

4. **Ahora escribe el texto anterior en la tercera persona (*mi amigo Javier*).**
Now write the above text in the third person (mi amigo Javier).

Ejemplo: *El mes pasado mi amigo Javier fue a Málaga, a la playa...*

C Vocabulario

5. Mira los dibujos (coloréalos si quieres) y escribe el número de cada dibujo en la palabra correspondiente. Traduce las palabras y estudia.

Look at the pictures (colour them if you wish) and write the number of each picture next to the corresponding word. Translate and study the words.

el sol _____

el mar _____

la arena _____

una toalla _____

una esterilla _____

una tumbona _____

una sombrilla _____

una hamaca _____

una tabla de windsurf _____

un colchón de goma _____

un flotador _____

un patín _____

una lancha _____

un barco de vela _____

una pala de bádminton _____

una raqueta _____

un cubo _____

una pala para la arena _____

una pelota _____

De compras para la fiesta

A Actividades

1. Completa el diálogo en una tienda.
Complete the dialogue in a shop.

Dependienta: Tú:

1 Buenos días, ¿qué quieres?

2 _____

3 ¿La falda verde?

4 _____

5 Treinta euros. ¿Qué talla usas?

6 _____

7 No tengo la talla treinta y ocho de color verde, pero ésta amarilla es muy bonita… mira… ¿te gusta?

8 _____

9 Sí. El probador está allí. ¿Qué tal?

10 _____

11 Vale. Toma una talla más pequeña.

12 _____

13 Son treinta euros.

14 _____

2. Mira a este chico y a estas chicas, colorea su ropa y después descríbelos.
Look at this boy and these girls; colour in their clothes and then describe them.

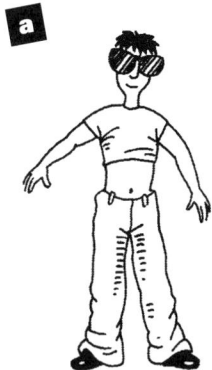

a   b   c

3. **Escribe una carta a tu amigo/a diciéndole qué ropa tienes, qué ropa es tu favorita y qué ropa te gusta llevar para salir con los amigos, para el instituto y para las fiestas. ¿Qué ropa no te gusta? ¿Qué colores te gustan y no te gustan?**
Write a letter to your friend, telling him/her what clothes you have, what your favourite clothes are, and what clothes you like to wear when going out with friends, going to school and for parties. What clothes don't you like? What colours do you like and dislike?

B Gramática

4. **Escribe diálogos como el siguiente, usa las claves y cambia los pronombres (*lo, la, los, las*).**
Write dialogues similar to the example; use the keys and change the pronouns (lo, la, los, las).

Ejemplo: abrigo / color / verde A: *Quiero este abrigo.* / B: *¿De qué color lo quieres?* /
A: *Lo quiero verde.*

1. falda / talla / de la talla 40 _____

2. pantalones / color / azul _____

3. zapatillas / número / del número 38 _____

4. camisa / color / marrón _____

5. bolso / tamaño / grande _____

5. **Sustituye las palabras entre paréntesis por un pronombre (*me, te, le*), como en el ejemplo.**
Replace the words in brackets with a pronoun (me, te, le), as in the example.

Ejemplo: Compré un regalo (a María) *Le compré un regalo.*

1. Doy un libro (a ti) _____

2. Envié un email (a Luis) _____

3. María compró un CD (a ti) _____

4. Mis padres dan dinero (a mí) _____

5. Mi hermano escribió una postal (a ti) _____

6. Yo compré un regalo (a Sara) _____

7. Tú llamaste ayer (a mí) _____

C Vocabulario

6. **¿En qué gasta Felipe su dinero cada mes? Escribe frases con los precios en palabras.**
What does Felipe spend his money on each month? Write sentences with the prices in words.

Ejemplo: *Felipe gasta doce euros en la piscina.*

_____

_____

_____

_____

_____

_____

_____

_____

_____

_____

_____

_____

_____

_____

_____

_____

¿De qué material es?

A Actividades

1. Lee los anuncios de este periódico y marca qué dibujo corresponde a cada anuncio. Escribe los precios de cada objeto en cifras (ejemplo: 45 euros). Traduce los anuncios.

1
Vendo ropa: abrigo talla grande, de color azul, noventa y siete euros.

2
Joyas: Oferta:
anillo de oro y pendientes de oro también. El anillo por ochenta y cinco euros y los pendientes por setenta y nueve.

3
Vendo discos compactos de varios grupos a doce euros cada disco y tres videojuegos a quince euros cada uno.

4
Vendo tres libros antiguos a cuarenta y cinco euros cada uno.

5
Pulsera de oro muy barata a noventa euros y collar a cien euros.

6
Vendo bolso de piel negro muy barato y monedero negro, también de piel. El bolso a sesenta y tres euros y el monedero a treinta y cinco euros.

a **b** **c** **d** **e** **f**

a. _____ euros   b. _____ euros   c. _____ euros

d. _____ euros   e. _____ euros   f. _____ euros

_____

_____

_____

_____

_____

_____

_____

_____

_____

_____

_____

2a. **Completa los diálogos en los grandes almacenes.**
Complete the dialogues in the department stores.

Dependienta:	Tú:
¿Qué desea?	_____
¿De qué precio, más o menos?	**20–25 euros** _____
¿Y de qué tamaño?	_____
¿Le gusta éste?	☺ / ¿euros? _____
23 euros.	

b.

Tú:

_____

_____

_____

Dependiente:

¿Ésta? ¿La pequeña de oro?

La grande de oro vale cuarenta y cinco euros y la pequeña treinta y siete euros.

Son cuarenta y cinco euros.

B Gramática

3. **Pon los verbos en infinitivo en la forma correcta. Recuerda: o, u: ue (poder: puedo); e: ie (querer: quiero).**
Put the verbs in the infinitive in the correct form.

1. Yo no (poder) _____ comprar esta camisa porque (costar) _____ mucho dinero.

2. ¿(Poder) _____ (tú) venir al cine conmigo?

3. Todos los domingos la chica (dormir) _____ hasta mediodía.

4. Ana no (querer) _____ ir al cine porque la entrada (costar) _____ siete euros.

5. Pedro (jugar) _____ al fútbol todos los sábados, pero hoy no (poder) _____.

6. Tú no (poder) _____ ir de excursión porque (tener) _____ la gripe.

7. Yo (preferir) _____ la camisa amarilla porque (costar) _____ menos.

4. Selecciona las palabras del cuadro que necesitas para traducir las frases al español. Usa también: *esa / ese / esos / esas.*

Choose the words from the box that you need to translate the sentences into Spanish. Use also: esa / ese / esos / esas.

1. I bought that silver bracelet.
2. María can't buy that silk skirt.
3. Can I see that gold necklace?
4. Did you buy those woollen jumpers?

5. Can I buy that glass vase?
6. Juan gave me that cotton T-shirt.
7. You didn't buy that leather purse!
8. Can you wear those plastic sandals?

algodón	monedero	comprar	plata	no	camiseta
pulsera	piel	collar	compraste	puede	compré	dio
falda	puedo	plástico	jerseys	no	sandalias	lana
oro	llevar	cristal	seda	jarrón	ver	me	puedes

C Vocabulario

5. Mira esta página de un catálogo de regalos. Escribe el texto con los nombres de los regalos y el precio. Escribe el material de los regalos.

Look at this page from a gift catalogue. Write the text with the names of the gifts and the price in words. Write down what the gifts are made of.

EN GALERÍAS SEGUNDO HOY TENEMOS LOS SIGUIENTES ARTÍCULOS EN OFERTA:

1. *Pulseras de oro* a *setenta y cinco euros.* **1** 75 € **2** 80 €
2. _____ a _____ **3** 100 € **4** 25 €
3. _____ a _____
4. _____ a _____
5. _____ a _____ **5** 55 € **6** 20 €
6. _____ a _____
7. _____ a _____ **7** 99 € **8** 14 €
8. _____ a _____
9. _____ a _____ **9** 18 € **10** 48 €
10. _____ a _____
11. _____ a _____ **11** 48 € **12** 66 €
12. _____ a _____

A Actividades

1. Escribe las invitaciones para dos fiestas diferentes. Usa los datos de abajo.
Write the invitations for two different parties. Use the information below.

a

Fiesta:	cumpleaños
Fecha:	sábado, 8 de mayo
Lugar:	Hamburguesería Sol,
	calle Castilla, 15
Hora:	de 7 de la tarde a 11 de la noche
Mensaje:	cena/7 tarde/Hamburguesería Sol/
	fiesta/casa/de ocho a once
Invitación de:	Pedro

b

Fiesta:	fin de curso
Fecha:	domingo, 17 de junio
Lugar:	Instituto Goya,
	calle Salamanca, 12
Hora:	de 6 de la tarde a 10 de la noche
Mensaje:	barbacoa/6 tarde/discoteca/7.30 tarde
Invitación de:	Julián Pérez, Director

2. Ordena la carta.
Put the letters in the right order.

a recibiré | **b** invitaré | **c** en la fiesta | **d** prepararé | **e** el salón

f lo pasaré | **g** el domingo | **h** mis padres me regalarán | **i** y compraré refrescos

j ¡Hola! | **k** una película de vídeo | **l** a mis amigos | **m** bailaré mucho

n ¡Adiós! | **o** muchos regalos | **p** un estéreo | **q** es mi cumpleaños | **r** decoraré

s y pizzas | **t** muy bien | **u** después veremos | **v** sandwiches

1j, _____

B Gramática

3. Rellena los espacios en blanco con los verbos que hay en el cuadro (en futuro). El primero es un ejemplo.
Fill in the gaps with the verbs in the box (in the future tense). The first is an example.

El mes próximo (ir) __iré__ de vacaciones y _____ dos semanas en casa de mis abuelos. _____ a toda mi familia y _____ con mis primos. _____ mucho en la piscina y _____ el sol. _____ en bicicleta y _____ los pueblos cercanos. _____ por el campo y _____ a las montañas. También _____ a la ciudad y _____ ropa y regalos para mis amigos. También _____ a un parque de atracciones y _____ en muchas atracciones. _____ mi cumpleaños en el pueblo y lo _____ con mis amigos. Por la noche _____ en la fiesta del pueblo.

---

estar	ir	bailar	~~ir~~	jugar	montar	nadar	pasar	celebrar	
comprar	ir	pasear	subir	tomar	ver	viajar	visitar		

---

4. Ahora pon la carta en la tercera persona (él/ella) del futuro.
Now put the letter into the third person (he/she) of the future tense.

Ejemplo: *El mes próximo María irá de vacaciones.*

C Vocabulario y gramática

5. Completa el crucigrama. Los verbos están en el futuro.

Horizontales →

2. _____ una película en la televisión esta noche.

3. _____ fruta en el mercado esta tarde.

4. El domingo próximo _____ en un restaurante.

7. Esta tarde _____ en la piscina.

Verticales ↓

1. _____ mi habitación de color azul la semana próxima.

5. Mañana _____ al cine con mis amigos.

6. _____ la comida con mi hermano a mediodía.

8. _____ un bocadillo de jamón esta tarde.

9. Para mi cumpleaños _____ una fiesta.

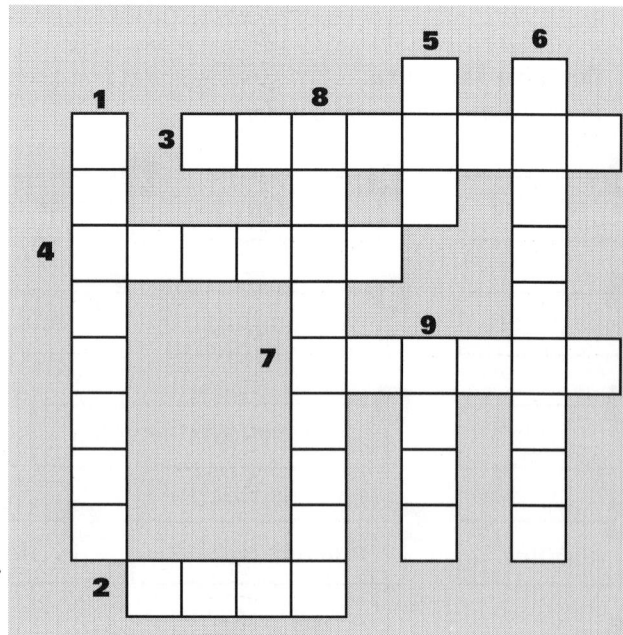

Comida para la fiesta

A Actividades

1. **Escribe los números en palabras.**
Write the numbers in words.

Ejemplo: 45, 50 *cuarenta y cinco, cincuenta*

54, 60 _____	39, 90 _____
21, 35 _____	15, 43 _____
13, 28 _____	27, 45 _____
5, 75 _____	19, 10 _____
93, 80 _____	23, 55 _____

2. **Completa el diálogo de Jaime en la tienda de comestibles.**
Complete the dialogue with Jaime in the delicatessen.

Dependienta: Buenos días, ¿qué quieres?

Jaime: Deme cien _____ de _____ .

Dependienta: Toma, seis euros.

Jaime: Deme un cuarto de _____ .

Dependienta: ¿De éste?

Jaime: Sí. ¿Cuánto es?

Dependienta: Son tres euros. ¿Algo más?

Jaime: Sí, un cuarto de _____ .

Dependienta: Éste es muy _____ , y muy barato, un cuarto cuesta tres euros cincuenta.

Jaime: Vale, pues éste.

Dependienta: ¿ _____ más?

Jaime: Sí, quiero un kilo de _____ y una _____ de aceite de un litro.

Dependienta: Aquí tienes, la sal es un euro y el _____ tres euros veinticinco.

Jaime: ¡Ah, también quiero una _____ de huevos!

Dependienta: Los huevos son dos euros. ¿Algo _____ ?

Jaime: No, _____ más. ¡Ah! ¿ _____ patatas fritas?

Dependienta: No, no _____ .

Jaime: Vale. ¿ _____ es todo?

Dependienta: _____ dieciocho euros setenta y cinco céntimos.

Usa las palabras si quieres:

queso	aceite	cuánto	docena	más	son	bueno	algo
nada	tengo	cuarto	sal	jamón	tiene	botella	chorizo

3a. *Tick the photos or pictures of food and drink that are mentioned in the article. How many calories are there altogether?*

   b. *Prepare a list of the food and drink in the photos. Show the list to your friends and family and write what they eat in a day or in a week.*

   Ejemplo: *En una semana / un día mi (hermano) come ... y bebe ...*

Chucherías = Calorías

"Qué hambre tengooo..!"

A las once de la mañana tienes hambre y comes un bollo de chocolate o un croissant. A mediodía un 'pequeño' aperitivo: unas patatas fritas, unas aceitunas o unos cacahuetes.

Por la tarde unas palomitas, pipas, una chocolatina… ¡Ah! y un helado, ¡claro! Para cenar, una hamburguesa o una pizza …¿Sumas? Luego te preguntarás: ¿Por qué no sube la cremallera de los vaqueros?

1 porción de tarta de manzana = 450 cal ☐	1 mousse de chocolate y nata = 350 cal ☐	1 flan de caramelo = 230 cal ☐	1 pastelito de crema = 200 cal ☐	1 bombón = 150 cal ☐
1 bocadillo de jamón con mantequilla = 600 cal ☐	1 hamburguesa con queso = 580 cal ☐	1 sandwich vegetal = 470 cal ☐	1 porción de pizza = 400 cal ☐	1 perrito caliente = 300 cal ☐ / 1 plato de patatas fritas = 460 cal ☐
10 almendras = 160 cal ☐	10 pistachos = 150 cal ☐	10 cacahuetes = 150 cal ☐	10 aceitunas = 80 cal ☐	5 galletitas saladas = 75 cal ☐ / 1 cucharada de ketchup = 30 cal ☐

1 bollo relleno de chocolate = 278 cal ☐	1 croissant = 183 cal ☐	1 suizo = 150 cal ☐	3 galletas = 150 cal ☐	1 ensaimada = 130 cal ☐	1 bombón helado = 200 cal ☐
10 pipas = 160 cal ☐	1 barrita de chocolate y arroz hinchado = 155 cal ☐	1 chocolatina blanca = 145 cal ☐	10 palomitas = 76 cal ☐	10 patatas chip = 75 cal ☐	1 polo de hielo (sabor a frutas) = 40 cal ☐ / 1 chicle con azúcar = 20 cal ☐ / 1 chicle sin azúcar = 4 cal ☐
1 batido de chocolate = 200 cal ☐	1 cerveza (caña) = 150 cal ☐	1 zumo de naranja envasado = 100 cal ☐	1 refresco de cola = 90 cal ☐	1 zumo de naranja natural (2 naranjas) = 80 cal ☐	1 refresco de limón = 78 cal ☐ / 1 zumo de tomate envasado = 38 cal ☐ / 1 refresco de cola light = 0 cal ☐

Si quieres llevar esos vaqueros tan bonitos o aquella chaqueta tan ajustada, ¿por qué no cambias tus hábitos alimenticios y comes una fruta, una zanahoria, un polo de hielo, un chicle sin azúcar o un zumo de tomate o de naranja? Y si tomas un refresco, ¿por qué no lo tomas 'light'? El sabor es prácticamente el mismo y no tiene calorías. ¿Y el agua? Puedes beber toda la que quieras y tiene cero calorías. ¿Que no es lo mismo? Bueno… tú decides.

B Gramática

Escribe diálogos como el siguiente (cambia los verbos y los pronombres: lo / la / los / las).
Write dialogues as in the example (change the verbs and the pronouns: lo / la / los / las).

Ejemplo: preparar la merienda   A: ¿Prepararás tú la merienda?

B: No, yo no prepararé la merienda, la preparará Jaime.

1. comprar la comida _____

_____

2. ir al supermercado _____

_____

3. llevar la bebida _____

_____

4. cocinar la paella _____

_____

5. traer los refrescos _____

_____

6. alquilar las bicicletas _____

_____

7. fregar los platos _____

_____

8. limpiar la cocina _____

_____

C Vocabulario

5a. Escribe las palabras en tres listas: *1* los productos (tomates), *2* los recipientes (una lata), *3* las cantidades (cien gramos). Luego tradúcelas al inglés.
Write the words in three lists: 1 the food (tomatoes), 2 the container (a can), 3 the quantity (100 grams). Then translate them.

b. Une las palabras y escribe una lista de compras.
Join the words and write a shopping list.

Ejemplo: *un kilo de tomates*

aceite

un kilo   sal   una barra   huevos   queso

una botella   jamón   una docena   un cuarto

una caja   sardinas   pan   vinagre   un litro   pasteles

una lata   cien gramos   tomates   un paquete

patatas fritas

A Actividades

1. **Invita a tu amigo/a a hacer varias cosas. Une la invitación con el dibujo correspondiente y escribe la frase completa.**
You invite your friend to do a number of things. Match each invitation with the corresponding picture and write the complete question.

Ejemplo: ¿excursión / mañana? *¿Quieres ir de excursión mañana?*

1. ¿excursión / mañana? ☐
_____
_____

2. ¿bailar / conmigo? ☐
_____
_____

3. ¿discoteca / esta tarde? ☐
_____
_____

4. ¿esquiar /este fin de semana? ☐
_____
_____

5. ¿piscina / esta tarde? ☐
_____
_____

6. ¿tomar / un refresco? ☐
_____
_____

7. ¿ir al club / ahora? ☐
_____
_____

8. ¿cenar en un restaurante / esta noche? ☐
_____
_____

9. ¿parque / esta tarde? ☐
_____
_____

2. **Tu amigo/a te da una excusa. Escribe una excusa para cada invitación de la Actividad 1.**
Your friend gives you an excuse. Write an excuse for each invitation in Activity 1.

Ejemplo: *No puedo porque estoy enfermo.*

3. **Mira esta historia. Lee las frases, selecciona las que necesitas y ponlas en orden. ¡Atención! Hay tres frases más de las que necesitas y no corresponden a la historia. ¿Cuáles son?**
Look at the story. Read the sentences, choose those you need and list them in the correct order. Attention! There are three sentences more than you need and which do not correspond to the story. Which are they?

a ¡Pues bueno! Si no quieres hacer nada, adiós.

b ¿Por qué no vamos a nadar?

c ¿Quieres venir a mi casa a ver un vídeo?

d ¿Quieres venir a tomar una pizza?

e ¡Oh, no! Tengo mucho frío.

f Pues no tengo hambre.

g No, me duele la cabeza.

h ¿Quieres ir de compras?

i No, estoy muy cansada.

j No, estoy enferma.

k Pues no tengo sed.

l ¡Oh, no! Estoy resfriada.

h,

21 ¿Adónde quieres ir?

2. Lee otra vez los mensajes de David (Actividad 1) y completa su agenda. Te damos un ejemplo.
Read David's messages again and complete his diary.

	AGENDA
Lunes	*6–8 ir a clase de inglés.*
Martes	
Miércoles	
Jueves	
Viernes	
Sábado	
Domingo	

B Gramática

3. Tu hermano/a y tú hacéis siempre lo mismo: pon el texto en la primera persona plural: *nosotros/as*. (Recuerda: *me levanto / nos levantamos*).
Your brother or sister and you always do the same: put the text into the first person plural: nosotros/as.

(Me levanto) _____ a las 7, (me ducho) _____ , (desayuno) _____ , (me lavo) _____ los dientes y (salgo) _____ de casa, (tomo) _____ el autobús, (llego) _____ al instituto, (entro) _____ al instituto a las 8.30. A las once (tomo) _____ un refresco. A mediodía (como) _____ en el comedor del instituto y (juego) _____ al fútbol con mis amigos. (Termino) _____ las clases a las cuatro y (voy) _____ a casa. En casa (meriendo) _____ y (estudio) _____ un rato. Después (toco) _____ el piano y (escucho) _____ música. (Voy) _____ a clase de piano a las seis. Por las noches, (escribo) _____ emails y (hablo) _____ por teléfono con los amigos. (Ceno) _____ , (veo) _____ la televisión y (me acuesto) _____ a las once. Siempre (leo) _____ por las noches.

4. **Ahora pon los verbos de la Actividad 3 en el futuro, en la primera persona singular (yo).**
Now put the verbs into the future tense, in the first person singular (yo).

me levantaré

C Vocabulario y gramática

5. **¿Cuál es tu fin de semana ideal? Escribe en tu agenda todas las cosas que harás durante tu fin de semana ideal.**
What's your ideal weekend? Write in your diary all the things that you will do during your ideal weekend.

	AGENDA
Viernes	
Sábado	
Domingo	

A Actividades

1. **Lee la información en el folleto de la Ciudad de México sobre la ruta turística número 6 y contesta a las preguntas. Después escribe la información en inglés en tu cuaderno.**
   Read the information in the brochure from Mexico City about the tourist route number 6 and answer the questions. Then write the information in English in your exercise book.

RUTA 6: LA STA. VERACRUZ – ALAMEDA CENTRAL

1 PALACIO DE BELLAS ARTES *

Majestuosa sala de conciertos de mármol. Estilos Art Nouveau y Art Decó (1900 – 1934). Hay excelentes pinturas murales en el interior.

2 ALAMEDA CENTRAL Y HEMICICLO JUÁREZ **

Creado en 1594, es el paseo público más antiguo de la ciudad. Originalmente sembrado con álamos, de ahí el nombre. Tiene varias fuentes y el monumento porfiriano a Benito Juárez.

3 ANTIGUO TEMPLO DEL CORPUS CHRISTI *

Parte del ex-convento para indias caciques. Hoy Museo de Arte e Industrias Populares, que exhibe y vende artesanías.

4 TEMPLO DE SAN JUAN DE DIÓS **

Formó parte del hospital del mismo nombre fundado en 1582. La iglesia de cóncava fachada data de 1766.

5 MUSEO FRANZ MAYER *

El más importante del país en artes aplicadas. Contiene muebles, plata, cerámica y tapices donados por este empresario alemán.

6 MUSEO NACIONAL DE LA ESTAMPA *

Casona del s. XIX que alberga la colección de grabados y estampas de artistas mexicanos y su evolución.

7 IGLESIA Y PLAZA DE LA SANTA VERACRUZ *

Acogedora plaza en cuya iglesia reconstruida en el s. XVIII descansaron los restos de Manuel Tolsá.

¿Adónde vas si quieres …

1. … pasear? _____

2. … ver cuadros de artistas mexicanos? _____

3. … comprar objetos típicos de artesanía? _____

4. … ver una iglesia? _____

5. … escuchar música? _____

6. … ver los objetos donados por un señor alemán? _____

7. … ver un antiguo hospital? _____

B Gramática

2. **Lee el itinerario de una visita de un largo fin de semana a Barcelona. Escribe una carta a tu amigo/a diciéndole lo que haréis tú y tus amigos. Empieza así.**
Read the itinerary of a long weekend visit to Barcelona. Write a letter to your friend saying what you and your friends will do. Begin like this.

> Hola,
>
> El jueves día 15 de junio mis amigos y yo llegaremos al aeropuerto de Barcelona a las siete de la tarde. Después, a las siete y media...

ITINERARIO

DÍA 1 – JUEVES, 15 DE JUNIO	Llegar al aeropuerto (7 tarde) Ir al hotel (7.30 tarde) Cenar en el hotel (9 noche)
DÍA 2 – VIERNES, 16 DE JUNIO	Por la mañana visitar la ciudad antigua y la catedral Comer en un restaurante típico (2 tarde) Tarde: visitar la Ciudad Olímpica
DÍA 3 – SÁBADO, 17 DE JUNIO	Excursión a la playa de Calafell todo el día Comer de picnic Viajar en barco por la costa
DÍA 4 – DOMINGO, 18 DE JUNIO	Mañana: visitar la parte moderna de la ciudad Tarde: ir al Museo Picasso Noche: cenar en la montaña del Tibidabo y visitar el parque de atracciones
DÍA 5 – LUNES, 19 DE JUNIO	Mañana: libre. Comprar regalos Comer en el parque de la Ciudadela Tomar el avión (6 tarde)

3. **Escribe una carta a tu amigo/a que va a visitarte a tu ciudad o pueblo y explícale los lugares que visitaréis y lo que haréis.**
Write a letter to your friend who is going to visit you in your city or village and explain the places you will visit and what you will do.

4. **Pon los verbos de las frases siguientes en el futuro, en la tercera persona plural (ellos/as).**
Put the verbs from the following sentences into the future, in the third person plural (ellos/as)

Ejemplo: El viernes (viajar) __*viajarán*__ a Málaga.

1. El viernes (viajar) _____ a Málaga, (llegar) _____ a las ocho, (alquilar)

   _____ un coche, (cenar) _____ y (dormir) _____ en el hotel.

2. El sábado (desayunar) _____ , (nadar) _____ en la playa, (comer)

   _____ , (dormir) _____ la siesta, (pasear) _____ , (tomar)

   _____ un refresco y (hablar) _____ con los amigos.

3. El domingo (ir) _____ a la playa, (comer) _____ en un restaurante y (volver)

   _____ a casa.

C Vocabulario

5. **Cosas que tú y tus amigos haréis hoy. Estudia los verbos y une las frases. Después escribe los equivalentes en inglés.**
Things that you and your friends will do today. Study the verbs and join the sentences together. Then write the equivalents in English.

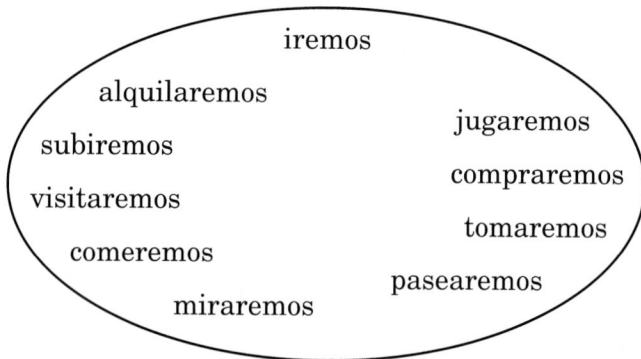

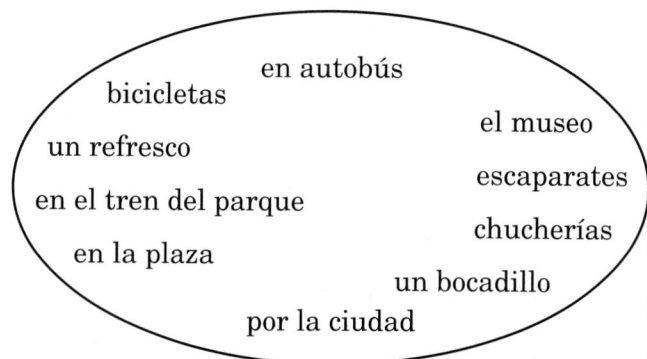

iremos

alquilaremos

subiremos   jugaremos

visitaremos   compraremos

comeremos   tomaremos

miraremos   pasearemos

---

bicicletas   en autobús

un refresco   el museo

en el tren del parque   escaparates

en la plaza   chucherías

un bocadillo

por la ciudad

_____   _____

_____   _____

_____   _____

_____   _____

_____   _____

A Actividades

**1. Mira el horario de autobuses y contesta las preguntas.
Escribe las horas con números y letras.**
*Look at the bus timetable and answer the questions.
Write the times with numbers and letters.*

Ejemplo: *0800 – las ocho.*

Línea 40 San José – Torrero

Horario laborables: de lunes a viernes

Paradas:	Autobús 1	Aut. 2	Aut. 3
Garaje Torrero	0800	0815	0830
Calle Zurita	0805	0820	0835
Plaza Roma	0810	0825	0840
Avenida las Torres	0816	0831	0846
Calle Reina Sofía	0822	0837	0852
Plaza de España	0830	0845	0900
Calle Coso	0835	0850	0905
Avenida San José	0842	0857	0912
Estación de trenes El Portillo	0850	0905	0920

1. ¿A qué hora sale el autobús número dos de la calle Zurita?

2. ¿A qué hora llega el autobús número tres a la calle Coso?

3. ¿Cuánto tiempo tarda el autobús desde la avenida las Torres hasta la estación de El Portillo?

4. ¿A qué hora sale el autobús número uno de la calle Zurita?

5. ¿Cuánto tarda el autobús número dos desde la avenida las Torres hasta la calle Coso?

6. Carmen toma el autobús a las ocho y veintidós para ir al instituto. El instituto está en la avenida San José. ¿Cuánto tiempo tarda en ir al instituto?

7. ¿Dónde toma el autobús?

8. Si pierde el autobús de las ocho y veintidós, ¿cuándo llega el siguiente autobús?

9. ¿A qué hora llega al instituto si toma el autobús número dos?

10. Las clases empiezan a las nueve. Si toma el autobús número tres, ¿llega tarde al instituto?

2. **Lee la carta de Jaime y elige las respuestas correctas.**

1. **Jaime va al instituto...**
   a en su pueblo
   b en un pueblo más grande
   c en una ciudad

2. **Jaime va al instituto...**
   a en tren
   b en coche
   c en autobús

3. **El autobús tarda más de... en llegar al instituto**
   a una hora
   b una hora y media
   c dos horas

4. **Jaime va con chicos y chicas...**
   a de su pueblo
   b de otros pueblos
   c del pueblo de Fuentes

5. **El billete...**
   a es gratis
   b es barato
   c es caro

Hola, ¿qué tal?

Me preguntas cómo voy al instituto todos los días. En mi pueblo no hay instituto porque es muy pequeño. Voy a un instituto que está en un pueblo más grande que se llama Fuentes y que está a treinta kilómetros de mi pueblo. Todos los días voy en un autobús especial para los chicos y chicas de todos los pueblos de la zona.

Me levanto muy pronto porque tomo el autobús a las siete y media. Llego al instituto a las ocho y media o nueve menos cuarto. El autobús para en varios pueblos y tarda más de una hora, según el tráfico que hay. Por la tarde salimos a las cinco y vuelvo a casa a las seis o seis y media. Es un poco pesado pero es cómodo y es gratis. No tengo que comprar billete. ¿Y tú? ¿Cómo vas al instituto? ¿Cuánto tiempo tardas? ¿A qué hora empiezas las clases?

Un abrazo de tu amigo,

Jaime

Ahora contesta en inglés.

1. What is Jaime's village like? _____

2. Where is Fuentes? _____

3. Who travels in the bus with Jaime? _____

4. Why does the bus take a long time to do the journey? _____

5. When does Jaime take the bus in the morning? _____

6. When does Jaime arrive home? _____

7. What does Jaime think of the journey? _____

3. **Escribe una carta a Jaime y contesta sus preguntas.**

B Gramática

1. Pon las preposiciones en los espacios en blanco. Elige *de, desde, a, hasta, por, en.*
Put the prepositions in the gaps. Choose de, desde, a, hasta, por, en.

1. ¿ _____ qué hora sale el autobús _____ Madrid? Sale _____ las ocho _____ la tarde.

2. ¿ _____ dónde sale? Sale _____ la estación _____ autobuses.

3. Normalmente voy _____ coche al instituto pero a veces voy _____ pie.

4. El autobús llegará _____ la parada _____ la calle Sol _____ las diez _____ la noche.

5. ¿Cuánto tiempo dura el viaje _____ Málaga _____ Almería?

6. Prefiero viajar _____ tren y _____ la noche.

7. ¿Hay metro _____ tu ciudad?

8. Voy _____ bicicleta _____ mi casa _____ el instituto.

9. _____ mi ciudad no hay autobuses _____ la noche, pero hay muchos taxis.

C Vocabulario

5. ¿Adónde vas, y cómo? a) Traduce estos medios de transporte al inglés. b) Luego escribe una frase distinta para cada uno.
Where do you go, and how? a) Translate these means of transport. b) Then write a different sentence for each of them.

1. en coche _____*by car*_____   *Voy de vacaciones en coche.*_____

2. en autobús _____   _____

3. en metro _____   _____

4. a pie _____   _____

5. en bicicleta _____   _____

6. en tren _____   _____

7. en patines _____   _____

8. en moto _____   _____

A Actividades

1. Escribe una carta a tu amigo/a sobre tu ciudad o pueblo. Contesta las preguntas.
Write a letter to your friend about your city or town. Answer the questions.

¿Cómo se llama tu ciudad / tu pueblo? • ¿Dónde está? • ¿Cómo es? • ¿Qué hay en tu ciudad / tu pueblo? • ¿Qué tiendas hay? • ¿Cómo son? • ¿Hay mercados y 'rastros' (open air markets)? • ¿Cómo son? • ¿Qué venden? • ¿Hay parques? • ¿Cómo son? • ¿Hay museos? • ¿Qué hay en los museos? • ¿Qué transporte hay?

B Gramática

2. Escribe los verbos en la forma correcta. Elige *salir / llegar / durar / viajar / tardar / volver.*
Write the verbs in the correct form. Choose salir / llegar / durar / viajar / tardar / volver.

1. El autobús _____ de Bilbao a las dos y media y _____ a Madrid a las seis.

2. El viaje _____ tres horas y media.

3. Yo _____ una hora en ir al instituto.

4. ¿Qué día _____ tu padre de Barcelona?

5. Yo _____ muchas veces en avión.

6. El tren _____ dos horas en llegar al pueblo.

7. ¿Cómo _____ tú a España, en avión o en tren?

3. Escribe diálogos como el del ejemplo.
Write dialogues as in the example.

Ejemplo: ¿Estudiar / tú / ahora? No, esta tarde. *A: ¿Estudias ahora?*
B: No, no tengo que estudiar ahora,
estudiaré esta tarde.

1. ¿Jugar / los chicos / ahora? No, esta tarde

2. ¿Volver / tú / hoy? No, mañana

3. ¿Dormir / el niño /ahora? No, más tarde

4. ¿Ir a clase / los estudiantes / hoy? No, mañana

5. ¿Hacer / tú / los deberes / ahora? No, esta noche

6. ¿Preparar / tu madre / la comida / ahora? No, más tarde

7. ¿Trabajar / vosotros / hoy? No, mañana

ⓒ Vocabulario

4. Completa el diálogo. Intenta hacerlo primero sin usar las palabras del cuadro.
Algunas palabras aparecen más de una vez.
Complete the dialogue. Try to do this first without using the words from the box. Some words appear more than once.

En la estación de autobuses:

Marisa:	Tres _____ , por favor.
Empleado:	¿De _____ solamente o de _____ _____ _____?
Marisa:	De _____ _____ _____.
Empleado:	¿Cuándo vais a _____?
Marisa:	Mañana _____ la tarde, en el autobús _____ las ocho y media.
Empleado:	Pues mañana no _____ autobús a las ocho y media. Es domingo y los domingos _____ una hora más tarde, _____ las nueve y media.
Marisa:	Pues, vale, un billete _____ el autobús _____ las nueve y media. ¿ _____ es?
Empleado:	Tres billetes de _____ _____ _____ a 11 euros cada uno, _____ 33 euros.
Marisa:	Sí, aquí _____.
Empleado:	Muy bien. Aquí _____ el cambio, 7 euros.
Marisa:	Gracias. Adiós.

volver	sale	son	ida y vuelta	tiene	de	para	billetes
	tienes	cuánto	por	hay	a	ida	

En el parque

A Actividades

1. Mira estos dos dibujos del parque y marca las diferencias. Después escribe frases en español.

Look at these two drawings of the park and indicate the differences. Then write sentences in Spanish explaining the differences.

Ejemplo: *En el dibujo a hay cinco pájaros, en el dibujo b hay tres.*

_____

_____

_____

_____

_____

_____

2. Escribe un email a tus amigos sobre lo que haréis en el parque.

Write an e-mail to your friends about what you will do in the park.

> *Mañana iremos al parque y …*

B Gramática

Escribe frases como la del ejemplo.
Write sentences like the one in the example.

Ejemplo: parque / las fuentes _____Lo que más me gusta del parque son las fuentes._____

1. el parque / los columpios _____

2. el instituto / los campos de fútbol_____

3. tu ciudad / las tiendas_____

4. el zoo / los monos _____

5. la película / el protagonista _____

6. las vacaciones / la playa _____

7. el programa / la música _____

Escribe la preposición *para* en el lugar correcto.
Write the preposition para *in the correct place.*

1. ¿Cuánto   cuesta   alquilar   un   coche   seis   personas?

2. Un   coche   grande   seis   personas   cuesta   cien   euros.

3. ¿Y   cuántos   días   lo   quieren?

4. Pues   lo   queremos   dos   días.

5. Lo   quieren   hoy?

6. No,   lo   queremos   mañana.

C Vocabulario

¿Qué hay en el parque? Traduce y estudia.
What is in the park? Translate and study.

un río _____   bicicletas (de alquiler) _____

un tren (pequeño) _____   cafeterías _____

pájaros _____   flores _____

columpios _____   árboles _____

carros (de cuatro plazas) _____

pintores _____

bancos _____   fuentes _____

Las vacaciones

A Actividades

1. Escribe una carta a tu
amigo y cuéntale lo que
hiciste en las
vacaciones de verano.
Usa los dibujos.
*Write a letter to your
friend and tell him what
you did in your summer
holidays. Use the pictures.*

ESPAÑA

Málaga

HOTEL SOL

AGOSTO

1 2 3 4 5 6 7
8 9 10 11 12 13 14
15 16 17 18 19 20 21
22 23 24 25 26 27 28
29 30 31

Alquiler de coches

Escribe lo que hizo tu amigo Pepe. Usa la información.
Write what your friend Pepe did. Use the information.

Pepe	Mallorca	agosto	dos semanas	un camping	avión	amigos
playa	monumentos	restaurantes	discotecas	regalos	calor	

Pepe fue a Mallorca en agosto ...

B Gramática

3. Completa las frases. Intenta hacerlo sin mirar los verbos del cuadro.

1. Hoy no llueve pero ayer _____ mucho.

2. El mes pasado _____ en la playa con mis padres, pero _____ mucho frío.

3. La semana pasada _____ al campamento con mis amigos, pero _____ mucho viento.

4. Cuando Juan _____ en Londres _____ a muchos lugares.

5. Juan, ¿_____ a la catedral? No, no _____ a la catedral.

6. Hoy no nieva, pero ayer _____ mucho y todo está blanco.

estuvo	hizo (x 2)	fuiste	fue	llovió	fui (x 2)	nevó	estuve

4. **Haz estas preguntas a tu amigo (usa la segunda persona: tú).**
Ask your friend these questions (use the second person: tú).

1. ¿Adónde _____ de vacaciones?

2. ¿Cuándo _____ a Mallorca?

3. ¿Cuánto tiempo _____ en Mallorca?

4. ¿Dónde _____?

5. ¿Cómo _____?

6. ¿Con quién _____?

7. ¿Qué _____?

8. ¿Qué tiempo _____?

C Vocabulario

5. **Estudia y traduce al inglés las palabras y expresiones. Mira sólo la lista en inglés y escribe las palabras en español otra vez.**
Study and translate the words and expressions. Look only at the list in English and write the words in Spanish again.

1. ¿Qué tiempo hizo? _____ _____

2. hizo buen tiempo _____ _____

3. hizo mal tiempo _____ _____

4. hizo frío _____ _____

5. hizo viento _____ _____

6. hizo calor _____ _____

7. hizo fresco _____ _____

8. hubo tormenta _____ _____

9. hubo niebla _____ _____

10. llovió _____ _____

11. nevó _____ _____

Lección 27 — El viaje de estudios

A Actividades

1. **¿Qué hicisteis en la fiesta de cumpleaños? Une las frases con los dibujos y escribe las frases en el pasado (en la primera persona plural: *nosotros*).**
What did you do at the birthday party? Match the sentences with the pictures and write them in the past tense (in the first person plural).

Ejemplo: comer bocadillos *Comimos bocadillos.*

a. comer bocadillos ☐
_____

b. escuchar música ☐
_____

c. jugar a la pelota en el jardín ☐
_____

d. ver una película ☐
_____

e. decorar el salón ☐
_____

f. bailar ☐
_____

g. beber refrescos ☐
_____

h. ir al cine ☐
_____

i. preparar el pastel de cumpleaños ☐
_____

j. abrir los regalos ☐
_____

1 **2** **3**

4 **5**

6 **7** **8**

9 CINE **10**

2. **Escribe un email a tu amigo/a contándole lo que tú y tus amigos hicisteis en un viaje de estudios el mes pasado. Usa la forma *nosotros* del pretérito indefinido de los verbos del cuadro y la clave de abajo.**
Write an e-mail to your friend telling him/her what you and your friends did on a study trip last month. Use the nosotros form of the simple past of the verbs in the box and the clues below.

comer	estar	conocer	ver
hablar	tomar	visitar	ir

Barcelona • avión • camping • una semana • sol • playa • restaurantes • monumentos • muchos pueblos • mucho español • mucha gente

Hola,
El mes pasado...

B Gramática

3. Rellena los espacios en blanco con la forma correcta de los verbos del cuadro. Te damos un ejemplo.
Fill in the gaps with the correct form of the verbs from the box.

Hola, somos Ana y María, somos hermanas gemelas y siempre hacemos lo mismo. Ayer nos _levantamos_ a las siete de la mañana, _____ a las ocho y _____ de casa a las 8 y media para ir al instituto. _____ el autobús y _____ al instituto a las nueve. _____ del instituto a las dos y _____ a casa a las dos y media. _____ a las tres y a las cuatro y media _____ al rugby, a las seis _____ a clase de inglés y a las siete y media _____ un poco. _____ a las nueve y a las nueve y media _____ la televisión, a las diez y media _____ un poco y nos _____ a las once.

levantar	desayunar	salir	tomar	llegar	salir	llegar	comer
	jugar	ir	estudiar	cenar	ver	leer	acostar

4. Escribe la carta del Ejercicio 3 en la tercera persona (*ellas*).
Write the letter from Exercise 3 in the third person (ellas).

Ejemplo: *Mis amigas Ana y María son hermanas gemelas y siempre hacen lo mismo. Ayer se levantaron a las 7 de la mañana ...*

C Vocabulario

5. Escribe los números siguientes en palabras.

225 _____

453 _____

597 _____

668 _____

166 _____

876 _____

915 _____

767 _____

101 _____

260 _____

423 _____

709 _____

555 _____

949 _____

368 _____

En el camping

A Actividades

1. Lee el folleto sobre el camping La Viorna y marca los dibujos mencionados en el texto.

Read the leaflet about La Viorna campsite and indicate the pictures mentioned in the text.

a **b** **c**

d **e** **f**

g **h** **i**

j **k** **l**

La Viorna

Se encuentra en Potes, Picos de Europa (Cantabria). En el recinto del camping encontrará: bar, restaurante, supermercado, aseos y duchas de agua caliente, tomas eléctricas, teléfono, correo, botiquín y unas estupendas piscinas para todas las edades: los servicios de un camping de primera categoría. Organizamos excursiones, senderismo y rutas por la naturaleza con itinerarios de media y baja montaña, a través de frondosos bosques, lagos y picachos con nieves perpetuas, bien con gente especializada o usted solo. Bicicleta de montaña por zonas rurales, o por las crestas de estas montañas. Otras opciones son: vuelos en parapente, escalada, espeleología, descenso de cañones, rutas a caballo o en 4x4 por caminos y carreteras del Valle de Liébana.

m **n** **o** **p** **q**

r **s** **t** **u** **v**

b, _____

2. Mira los dibujos de la Actividad 1 y escribe una lista de lo que no hay en el camping La Viorna.

Look at the pictures above and write a list of the things that do not exist in La Viorna campsite.

Ejemplo: f *No hay playa.*

_____
_____
_____
_____
_____

B Gramática

3. Pon las frases en el imperfecto. Recuerda: *era / había*.
Put the sentences into the imperfect tense.

1. La ciudad es grande, pero hay muchos parques.
2. En la ciudad hay mucho tráfico.
3. Mi amigo es simpático.
4. En el hotel hay un jardín que es muy bonito.
5. El instituto es muy grande y hay muchos estudiantes.
6. El apartamento es muy moderno y hay un frigorífico estupendo.
7. En el pueblo hay una cafetería que es muy buena.
8. La casa es muy bonita, pero es vieja y hay muchos problemas.

C Vocabulario

4. Mira los símbolos. Busca el nombre de cada uno en el cuadro y escríbelo en una lista con su traducción al inglés. Estudia.
Look at the symbols. Find the name of each one in the box and write it in the list with its English translation

1	2	3	4	5	6	7	8
			1000 m				

9	10	11	12	13	14	15	16
		220 V.					

17	18	19	20	21	22	23
WC						

piscina   cambio de moneda   árboles   electricidad   peluquería   fregaderos
plancha   lavaderos   lavandería   farmacia   bar   cafetería   correos
parque infantil   duchas   restaurante   pistas de tenis   tienda   gasolinera
deportes acuáticos   teléfono   médico   servicios

Recuerdos y deseos

A Actividades

Pon en orden las frases de esta carta formal a la oficina de turismo. Escribe las mayúsculas y la puntuación necesaria. Después traduce la carta.
Put the sentences of this formal letter to the tourist office into the right order. Include the necessary capital letters and punctuation. Then translate the letter.

a	b	c	d
importantes del país	información sobre	la provincia de Málaga	me gustaría mucho

e	f	g	h
me gustaría recibir	muchas gracias	estimado señor	puede mandarme

i	j	k	l
también folletos	un atento saludo de	visitar su país	y especialmente

m	n	o	p
por su atención	y mapas de las ciudades	y monumentos más	y sus famosas playas

2. Escribe una carta sobre unas vacaciones ideales: ¿Adónde te gustaría ir? ¿Qué te gustaría visitar? ¿Qué te gustaría ver? ¿Qué te gustaría hacer?

B Gramática

3. **Completa las frases con** *me / te / le / nos / os / les gustaría.*
Complete the sentences with me / te / le / nos / os / les gustaría.

1. A mí _____ viajar a México.

2. ¿A ti _____ venir a mi pueblo?

3. A mis padres _____ ir a México.

4. A mi hermano _____ visitar la ciudad.

5. A nosotros _____ ver Cancún.

6. A mí _____ visitar los monumentos mayas.

7. ¿A vosotros _____ comer ahora?

4. **Contesta a las preguntas. Usa el presente continuo:** *estar + -ando, -iendo.*
Answer the questions. Use the present continuous.

Ejemplo: ¿Qué está haciendo tu hermano? (tocar) la guitarra *Está tocando la guitarra.*

1. ¿Qué estás haciendo? (escribir) un email

   _____

2. ¿Qué está haciendo José? (comer) un bocadillo

   _____

3. ¿Qué estáis haciendo? (ver) la televisión

   _____

4. ¿Qué están haciendo tus amigos? (jugar) al fútbol

   _____

5. ¿Qué estás haciendo? (estudiar) para el examen

   _____

6. ¿Qué está haciendo Enrique? (hablar) por teléfono

   _____

C Vocabulario y expresiones

Escribe en cada frase el verbo correspondiente del cuadro, en el gerundio:
-ando, -iendo. Después traduce y estudia.
Write the correct verb from the box in the gerund in each sentence. Then translate and study.

Piso 1: el hombre está _____

la mujer está _____

el niño está _____

Piso 2: el hombre está _____

la mujer está _____

la niña está _____

Piso 3: el hombre está _____

la mujer está _____

el niño está _____

Piso 4: el hombre está _____

la mujer está _____

la niña está _____

Piso 5: el hombre está _____

la mujer está _____

el niño está _____

bailar   hacer los deberes
comer un bocadillo   cantar
fregar   hablar por teléfono
hacer gimnasia   *dormir   *ducharse
tocar la guitarra   llorar
jugar con la videoconsola
*leer   pintar
*ver la televisión

A Actividades

1. **Lee el programa de las fiestas de un pueblo (fueron la semana pasada). Imagin que estuviste allí y escribe una carta a tu amigo/a diciéndole lo que hiciste cada día. Usa los verbos *bailar, ir, cantar, cenar, ver, jugar.***

Read the programme of the fiestas in a small town (they took place last week). Imagine that you were ther and write a letter to your friend telling him/her what you did each day.

	Mañana	**Tarde**	**Noche**
Viernes	deportes, carreras	cucañas, teatro	baile, cena en la plaza
Sábado	gigantes y cabezudos, canciones tradicionales	partido de fútbol, carrera ciclista	baile, fuegos artificiales
Domingo	procesión, bailes tradicionales	deportes, juegos para los niños, concierto de rock	cena en el club de jóvenes, baile de disfraces, fuegos artificiales

2. **Lee el texto sobre Oaxaca y contesta a las preguntas en inglés.**
Read the text about Oaxaca and answer the questions in English.

Oaxaca es una ciudad mexicana muy importante que está en el sur de México. En esta ciudad se celebran muchas fiestas interesantes y divertidas. La fiesta más grande se llama los *Lunes del Cerro* y se celebra los dos lunes siguientes al dieciséis de julio. El acto más importante de esta fiesta es la *Gelaguetza*.

Gelaguetza es una palabra indígena que significa *regalo* en español. Grupos representantes de las siete regiones que forman el Estado van a la capital Oaxaca y celebran la fiesta con fabulosos espectáculos de música, baile y cantos. Al final estos grupos regalan al público los productos y objetos típicos de sus regiones. Cada grupo lleva las ropas típicas de su región.

La fiesta tiene su origen en celebraciones de los tiempos prehispánicos en honor a la diosa Centeól, la diosa del maíz. Esta fiesta es una de las más espectaculares de toda América.

1. Where is Oaxaca?_____

2. When does the fiesta **Lunes del Cerro** take place? _____

3. What is la **Gelaguetza**?_____

4. What does the word **Gelaguetza** mean? _____

5. How many groups go to the fiesta? _____

6. What do these groups do? _____

7. What do the groups wear?_____

8. What are the origins of the fiesta?_____

B Gramática

Pon los verbos del cuadro en el lugar correcto.
Put the verbs in the box into the right place.

A: ¿Qué _____ el fin de semana?

B: _____ a las fiestas de mi pueblo.

A: ¿Qué tal lo _____?

B: Lo _____ fenomenal.

A: ¿ _____ divertidas las fiestas?

B: Sí, pero antes _____ más divertidas.

A: ¿ _____ mucha gente?

B: Sí, en todas las actividades _____ mucha gente.

A: ¿ _____ muchas actividades?

B: Sí, las actividades _____ muy divertidas, _____ ferias, bailes, concursos, deportes.

A: ¿Te _____ ir a las fiestas conmigo el año próximo?

B: ¡Sí, me _____ ir a las fiestas contigo!

pasaste	*encantaría*	*son*	*hiciste*	*gustaría*	*eran x 2*
	había x 4	*fui*	*pasé*		

C Vocabulario

4. Mira los dibujos y escribe una lista de 20 palabras (de todo lo que ves).
Después escribe su equivalente en inglés y estudia.
Look at the pictures and write a list of 20 words of everything you see. Then write the equivalents in English and study them.

Aventura Nueva 2: *Framework Edition*

Aventura Nueva 2 course components:

Pupil's Book	978 0 340 86887
Teacher's Book	978 0 340 86888
Cuaderno Workbook (B) Pack	978 0 340 86893
Cuaderno Workbook (A) Pack	978 0 340 86920
Cassette Set	978 0 340 86891
CD Set	978 0 340 86892

Hodder Murray

A MEMBER OF THE HODDER HEADLINE GROUP

www.hoddereducation.co.uk

ISBN 978-0-340-86890-4

9 780340 868904

GREYSCALE

BIN TRAVELER FORM

Cut By _____ Qty _____ Date _____

Scanned By _____ Qty _____ Date _____

Scanned Batch ID's

_____ _____ _____

Notes / Exception

_____

_____

_____

_____